微笑是优秀员工必备的职业素养

一本适合所有在职人员的必读书

U0904282

今天，你微笑了吗

严家明/著

工作和生活中离不开微笑，

工作和生活中不能没有微笑。

愿我们每一个人在每一天下班的时候，

都能问一问自己："今天，我微笑了吗？"

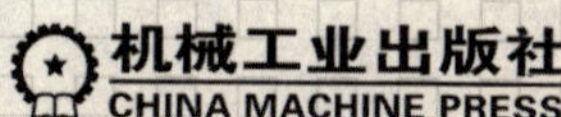

机械工业出版社
CHINA MACHINE PRESS

微笑不仅仅是一个简单的面部表情，它更是一个人内心世界的生动写照。一个经常在脸上挂着微笑的人，在任何场合都是极易受到欢迎的人。

在经济学家眼里，微笑是一笔巨大的财富；在心理学家眼里，微笑是最能说服人的心理武器；在服务行业，微笑是服务人员最美的“名片”……

本书通过生动有趣的案例，告诉我们微笑的重要性——你的微笑价值百万！

读故事，品人生。阅读本书，既充满情趣，又发人深省。

图书在版编目（CIP）数据

今天，你微笑了吗/严家明著. —北京：机械工业出版社，2010. 6

ISBN 978-7-111-31076-1

Ⅰ. ①今… Ⅱ. ①严… Ⅲ. ①企业管理—职工培训 Ⅳ. ①F272. 92

中国版本图书馆 CIP 数据核字(2010)第 115065 号

机械工业出版社(北京市百万庄大街 22 号 邮政编码 100037)

策划编辑：王建霞 刘建光 责任编辑：刘建光

版式设计：刘志春 封面设计：吕凤英

责任印制：王书来

北京兴华昌盛印刷有限公司印刷

2010 年 6 月第 1 版第 1 次印刷

145mm×210mm · 6.75 印张 · 137 千字

标准书号：ISBN 978-7-111-31076-1

定价：25. 00 元

凡购本书，如有缺页、倒页、脱页，由本社发行部调换

电话服务

社服务中心：(010)88361066

销 售 一 部：(010)68326294

销 售 二 部：(010)88379649

读者服务部：(010)68993821

网络服务

门户网：http：//www. cmpbook. com

教材网：http：//www. cmpedu. com

封面无防伪标均为盗版

前言

Preface

“今天，你微笑了吗?”

这是很多企业和机关团体挂在墙上、落实在工作中的一句话，也是我们在工作和生活中经常听到的一句话。这句话成了当今社会流行的问候语。

世界上最珍贵的礼物是什么？是微笑。

世界上最动人的表情是什么？是微笑。

微笑是世界上最美丽的语言，是人际交往的润滑剂，是快乐生活的添加剂。

在经济学家眼里，微笑是一笔巨大的财富；在心理学家眼里，微笑是最能说服人的心理武器。

微笑是销售工作中投资最少、收效最大的武器，广为各个企业和机关团体所重视、提倡、应用。所以，很多公司在招聘员工时，以面带微笑为第一条件，他们希望自己的员工脸上挂着笑容，把自己的产品推销出去。在服务行业，微笑是服务人员最美的“名片”……

一家大公司的人事经理曾说：“我宁愿雇用一个没上完小学但却有愉快笑容的女孩子，也不愿雇用一个神情忧郁的博士。”这个说法是很现实的。员工的微笑可以感染任何一个人，包括你的客户，许多公司提倡“微笑”服务，微笑确实是现代公关的重要法宝。

笑，是人人天生就会的。你在工作和生活中带着微笑了吗？

一天中，三分之一的时间我们都在工作，工作是我们生活的核心和重要组成部分。学会每天微笑着面对工作，工作中充满激情，困难便会因为自己的积极迎刃而解，此时微笑是一种积极上进的心态；面对工作中的压力，保持微笑，有助于缓解压力，让精神不会过于紧张，此时的微笑是一种心灵调剂；当我们在工作中，在和同事及朋友的交往中，保持微笑，为双方消除隔阂、达成和解、取得共识提供了保障，会让我们之间的合作更加默契，此时的微笑是沟通的桥梁；当我们面对客户时，发自内心的微笑，就可以感染客户，此时的微笑是最好的服务……

一个企业的心情是靠员工的微笑体现出来的。让我们微笑吧，微笑着面对生活，面对周围的人——让我们用微笑接待客户，用微笑关心同事，用微笑面对工作。

微笑是一盏引航灯，给人希望，给人力量。微笑是我们精神状态的最佳写照，是人与人之间的最短距离。在当今激烈竞争的环境中，在工作、生活节奏不断加快的今天，我们只有真正把微笑作为企业竞争和发展不可或缺的手段，才能为企业的发展提供永不衰竭的力量源泉。

工作和生活中离不开微笑，工作和生活中不能没有微笑。愿我们每个人在每一天下班的时候，都能问一问自己：“今天，我微笑了吗?”

本书在编撰过程中，得到了张书兰、张旭东、邹华英、张鸿波、汤凌、董全才、谷桂琴、王甲有、任燕飞、高志坚、蒋如彬、熊竹根、黄诗国、廖彩扬、黄龙、郝敬刚、洪辉伍、古剑声等职场人士的支持和帮助，在此深表谢意。

由于作者水平有限，书中难免有不足之处，欢迎读者朋友对本书提出宝贵的意见和建议。联系方式：yan201008@163.com

目录 Contents

第一章 带着微笑去工作

1. 微笑是优秀员工必备的职业素养
2. 会微笑的人处处受欢迎
3. 带着微笑去工作
4. 掌握微笑这门世界通用语言
5. 微笑是通往成功的捷径

1. 微笑是优秀员工必备的职业素养

> 微笑是一种职业操守、职业素养，更是一种修养，一种气质，一种风度，一种力量。今天，在职场上，要把微笑作为提高职业素养的第一步。

微笑是一种令人感觉愉快的面部表情，它可以缩短人与人之间的心理距离，为深入沟通与交往创造温馨和谐的气氛。

微笑是一种职业操守、职业素养，更是一种修养，一种气质，一种风度，一种力量。

微笑是职业人士最佳的工作状态。微笑不仅仅是一种表情，它还是我们对工作、对客户、对此刻人生看法最直接、最真实的反映。

工作、生活中离不开微笑，微笑表达了对自己工作的肯定与自信，表达了对他人的善意和爱。微笑也不是服务业的特权，它应该是每个职业人士工作时的常态。

有一次，一位知名培训师出差住在希尔顿酒店，酒店里一位普通的服务员给他留下了十分深刻的印象。

她是一位十分开朗的服务员，无论什么时候见到她，她的脸上都绽放着使人非常舒服的微笑。很多顾客都和她很熟悉，就像是老朋友一样。

一天，培训师到酒店附近的商店买东西，刚好她也在，培训师发现她当时的神色非常悲伤，和平时很阳光的感觉大不一样。

和她打招呼时，培训师看到她的左臂上系了一块黑纱，也就是说，她刚刚失去了一位亲人。但当她看到培训师的那一刹那，却奇迹般地又一次露出了那种使人感到温暖的微笑。

培训师问她："家里有人去世了吗？"

她回答说："是我的父亲，上个星期去世的……"

培训师很惊讶地说："平时怎么一点也看出来呢？"

她继续微笑着说："希尔顿酒店有一条规定：无论如何不能把我们的愁云摆在脸上！哪怕饭店本身遇到了很大的困难，希尔顿服务员脸上的微笑也永远是顾客的阳光。"

毫无疑问，亲人去世所带来的巨大悲痛是无法用语言形容的，但她只是将这种悲痛放在心里，放在独自一人的时候，而面对工作和顾客的时候，依然保持一如既往的微笑，做"顾客的阳光"。

从她身上，我们看到了一个优秀员工所具备的职业素养。在工作中，谁都难免有个人情绪不好的时候，这些情绪很多都可以理解，也值得安慰。但它毕竟只属于个人，作为一个职业人，我们没有理由将个人情绪转嫁到工作和客户身上。正因为有这样优秀的员工，希尔顿饭店才能遍布世界并受到众多顾客的喜爱。

"做顾客的阳光"，这样的理念并不仅仅适用于服务业，也适用于所有的单位和行业。如果能将工作中服务的每一个人都当成“顾客”，当成要给予温暖和阳光的人，那么即使最小的事也能做到最好。毫无疑问，这样的人，也是职场中最有发展的人。

对于现代人来说，微笑几乎已经是工作中必不可少的一部分。微笑对每一个人都有着无法取代的重要性。无论在生活还是工作中，微笑都闪耀着迷人的魅力，推动你更好地生活和工作。

在工作和生活中，常把微笑挂在脸上，至少有以下几个方面的作用：

第一，表现心境良好。面露平和欢愉的微笑，说明心情愉快，充实满足，乐观向上，善待人生，这样的人才会产生吸引别人的魅力。

第二，表现充满自信。面带微笑，表明对自己的能力有充分的信心，以不卑不亢的态度与人交往，使人产生信任感，容易被别人真正地接受。

第三，表现真诚友善。微笑反映自己心底坦荡，善良友好，待人真心实意，而非虚情假意，使人在与其交往中自然放松，不知不觉地缩短了心理距离。

第四，表现乐业敬业。工作岗位上保持微笑，说明热爱本职工作，乐于恪尽职守。如在服务岗位，微笑更是可以创造一种和谐融洽的气氛，让服务对象倍感愉快和温暖。

微笑是一个优秀员工最基本的特质，试想一下，如果一个员工以冷冰冰的脸孔面对客户、面对自己的同事、面对自己的

上司，这样的人有谁会喜欢他、接受他呢？这样的员工怎么会成为一个优秀员工呢？

微笑是一个人走向成功最有效的武器，常把微笑挂在脸上，成功就在向你招手了。

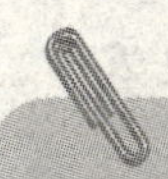

阅读思考：

1. 为什么说“微笑是优秀员工必备的职业素养”？请结合工作实际，谈谈你的理解和认识。

2. 如果你是文章中的那个酒店服务员，在那种心境下你还能保持一如既往的微笑吗？

3. 培养职业素养从微笑开始，你掌握微笑的方法了吗？微笑应该注意什么？

2. 会微笑的人处处受欢迎

一个人的面部表情亲切、温和、充满喜气，远比他穿着一套高档、华丽的衣服更吸引人注意，也更容易受人欢迎。

在职场中，一个人对你满面冰霜、横眉冷对；另一个人对你面带笑容、温暖如春，他们同时向你请教一个工作上的问题，你更欢迎哪一个？当然是后者，你会毫不犹豫地对他知无不言，言无不尽，问一答十；而对前者，恐怕就恰恰相反了。

一个人的面部表情亲切、温和、充满喜气，远比他穿着一套高档、华丽的衣服更吸引人注意，也更容易受人欢迎。

李宏是一家公司的经理，他几乎具备了成功男人应该具备的所有优点：他有明确的人生目标，有不断克服困难、超越自己和别人的毅力与信心；他大步流星、雷厉风行、办事干脆利索、从不拖沓；他的嗓音深沉圆润，讲话切中要害；而且，他总是显得雄心勃勃，富于朝气。他对于生活的认真与投入是有口皆碑的，而且，他对同事们也很真诚，讲求公平对待，与他深交的人都为拥有这样一个好朋友而自豪。

但初次见到他的人却对他少有好感。为什么呢？原来他几乎没有笑容。他深沉严峻的脸上永远是炯炯的目光、紧闭的嘴唇和紧咬的牙关。即便在轻松的社交场合也是如此。他在舞池中优美的舞姿几乎令所有的女士动心，但却很少有人同他跳舞。

公司的女员工见了他更是畏如虎豹，男员工对他的支持与认同也不是很多。而事实上他只是缺少了一样东西——一副动人的、微笑的面孔。

没有人喜欢与整天皱着眉头、愁容满面的人打交道，更不会信任他们。

微笑是一种令人愉悦的表情，可帮助你建立良好的人际关系。

首先，它是拨开“陌生面纱”的法宝，即使是一位你叫不上名字的同事，微笑也能立即拉近你们的距离；其次，它是欢迎新同事最好的“见面礼”；另外，微笑还是“通行证”，可以让你在寻求帮助时顺利畅通；最后，微笑还是你的职场“标签”，人们一想到你，都会同时联想到你常挂在脸上的微笑——“啊，就是那个人，很有亲和力、常常微笑的那个人”，说这句话的时候，心灵的闸门已经向你敞开。

微笑是工作和生活的一部分，对人微笑是一种文明的表现，它显示出一种力量和涵养。一个刚刚学会保持微笑的员工说：“自从我开始坚持对同事微笑之后，起初大家非常迷惑、惊异，后来就是欣喜、赞许，两个月来，我得到的快乐比过去一年中得到的满足感与成就感还要多。现在，我已养成了微笑的习惯，而且我发现人人都对我微笑，过去冷若冰霜的人，现在也热情友好起来。上周单位搞民主评议，我几乎获得了全票，这是我参加工作这么多年来从未有过的大喜事！”

培养微笑的习惯，要笑得灿烂、笑得真诚，表现出强有力的亲和力。

将微笑变成一种习惯，在与人打照面时温柔地微笑吧！营业厅里、办公室里、部门里、公司里、市场里，与你见面的所有的人，给他们微笑吧！你对他们的微笑，既是为你自己，也是为了他们，你对他们微笑时，他们也会对你报以微笑的。如此下去你会发现，大家会在相互的微笑中共同受益。

从今天开始，请改变一下你的表情，面对客户以及所有人时，与其谈话时，接电话时，请常常展现出亲切而热情的微笑，进而变成一种习惯吧！让我们在春天般微笑的氛围中，快乐工作每一天。

阅读思考：

1. 文章中的李宏为什么不受欢迎？自问一下，在职场中，你是一个处处受欢迎的人吗？

2. 想一想，如何才能将微笑变成一种习惯？

3. 带着微笑去工作

> 每个人都有不顺心的时候，也可能把烦恼带到工作中来，但如果意识到：让微笑成为工作的一部分，成为员工的一种职责，效果自然不同。

“赠人玫瑰，手有余香”。微笑，就像工作中的玫瑰。如果微笑是一朵绽开的玫瑰，我们何不让千万朵玫瑰在工作中绽放呢？让我们带着微笑出门，带着微笑走进一天的工作。

刘鹃毕业于一所有名的师范学院中文系，走上工作岗位已经两年了。两年前，刘鹃在广州的一家报纸上看到一则招聘广告，正好是她感兴趣的广告设计公司。于是她抱着试试看的态度，按照招聘广告上的联系方式，向用人单位发了一封求职电子邮件，然后上网找到用人单位的网站，详细了解了该用人单位的信息。几天之后，刘鹃就接到了该广告设计公司的电话，要她在第二天下午到公司参加面试。

面试成功后，刘鹃成了这家广告公司的一名正式员工。工作后的一次偶然机会，刘鹃问总经理，在那么多参加应聘的求职者中，总经理为什么会选择她？

总经理的回答有些出乎刘鹃的意料：“是你的微笑感染了我，通过微笑，我看到你有一种其他求职者不具备的自信。”

原来是这样，刘鹃起初还以为是自己的名牌大学学历和自认为不错的能力使她脱颖而出的呢！

工作后，刘鹃总是尽最大努力保质保量地完成总经理交给她的任务，还常常加班加点地熟悉公司的业务。有一次，总经理让刘鹃拟一份广告词，由于刘鹃对专业已经非常了解，再加上她自身的“笔头”功底本来就有基础，所以，她只花一个晚上就完成了任务，还得到了领导的赞赏。

平时上班的时候，刘鹃总是一脸的微笑，无论是对上司还是对同事、客户，她都会向他们投去善意的笑容，很快她就同他们打得火热了。于是进入单位不到一个月，刘鹃就结束了试用期，又过了一段时间，她就被总经理任命为创意主管了。

从上述刘鹃的成功案例中，我们不难发现，在工作中，我们要学会微笑。微笑不仅能够展示自信，也向用人单位传递了一种积极的态度，善于微笑的求职者获取职业的机会总是比较多的。

所有的人都希望别人用微笑去迎接他，而不是横眉竖眼，因为这阻碍了心灵思想的交流。

当我们带着微笑上班的时候，互相笑脸相迎，笑语相问，胸中的压力与烦恼，抑郁与苦闷便在转眼间烟消云散。有了微笑，与同事就有了交流；有了微笑，才会促进同志之间的相互爱护和团结；有了微笑，才会为顾客提供优质方便的服务。有笑声的单位，就是一个充满欢乐与和谐的场所与集体。

曾经听说过这样一个连锁反应：当一个人对他人投以微笑，会使人心情愉悦，其他的人也会将这种愉悦相互传递下去。在工作中，我们一定要将微笑传递给他人，相互之间营造一个和谐的工作环境。

经常有人会这样说：“让我们带着微笑去生活吧！”既然生

活与工作是密不可分的，那么不如把这份微笑带到我们的工作当中，让我们带着微笑去工作。每天让自己在工作的时候发自内心地笑几次，不但可以使工作变得更加轻松，也同样会给周围的人一个更加良好的印象。带着这份轻松的心情回家也同样会使你的家里人感觉到你的温暖。带着微笑去工作，也不仅仅是一句普通的祈使句，它的功效还在于使我们在工作中遇到问题能够冷静、沉着地去思考，去解决。

每个人都有不顺心的时候，也可能把烦恼带到工作中来，但如果意识到：让微笑成为工作的一部分，成为员工的一种职责，效果自然不同。

让微笑成为工作的一部分，虽是一句朴实的话语，却需要我们每一位员工去践行。

——在踏入公司大门的那一刻，你微笑了吗？

——在接待来宾客户的时候你微笑了吗？

——在遇见领导同事的时候你微笑了吗？

——在向领导汇报工作的时候你微笑了吗？

——在同事需要你帮忙的时候，你微笑应答了吗？

——对待工作，你微笑了吗？

阅读思考：

1. 你带着微笑去工作了吗？带着微笑去工作能给你带来什么？

2. 在你的单位里是否有善于微笑的人，他们的工作是不是比别人更顺利？

4. 掌握微笑这门世界通用语言

微笑的力量是巨大的，它是全世界通用的语言。无论你走到哪里，微笑都能为你打开一扇门，让你和周围人都感到愉快，欣喜地接受你。

微笑是最珍贵的交流，是最动人的“语句”，微笑是畅行无阻的世界通用“语言”，是价值连城的“珍宝”。下面的故事轻松地道出了微笑的内涵：

在唐玄奘西行取经之后500年，又一位僧人受师傅之命前往西天。

“师傅，弟子只会说汉语。”临行前，僧人对师傅说，“西行要经历许多小国家，为了排除语言的障碍，我是不是该请一个翻译呢？”

“到哪里去找通晓所有国家语言的翻译呢？请若干个翻译同行，更不现实，何况我们出家人两袖清风，哪来钱请翻译啊？还是你自己想想办法吧。”师傅说道。

“那还是让我学会诸国的语言再去吧。”僧人又说道。

“那要等到何时啊？现在我们急需真经，你是一天也不能耽误了。”师傅说，“有一种语言是天下通用的，你为什么不用呢？只要你用上它，无论你走到哪里，都不存在交流的障碍，都会有人乐于帮助你。”

“弟子愚钝，请师傅指点。”

“它就是微笑啊！”

后来，这位僧人依靠微笑，走过了若干个国家，并最终顺利取得了真经。

有一位成功学家这样说过：即使你到了一个语言不通的国家，只要你的一个微笑，就已经胜过千言万语。通常情况下在你还没有和人交流时，对方先看到的就是外在的面目表情，而微笑是拉近人与人之间距离的最好武器，有效地利用起它，能够增加自己的亲和力，拉近人们之间的距离。

在这个世界上，有一种表情最具商业价值，那就是微笑。即使你没有熟练的营销技巧，但如果你有动人的微笑，你也可能取得成功。

小王、小张和小李是三位卖报纸的年轻人。他们地处不同的街道，并且都有自己独特的营销策略，但是，只有小李的报纸卖得最好。奇怪的是，小李并不处在最好的地段。

小王，站在人流聚集地，可以说是地处黄金地段。但他总是愁眉苦脸地站在那里，当乘车人招手索要报纸时，他懒洋洋地递上去，并露出一副招牌式的苦瓜脸。每逢刮风下雨，都很难寻觅到他的身影。

小张，他没有固定的卖报场所，总是在马路上到处穿梭，哪里人多往哪跑，哪里要报就去哪。他顾不上显示任何表情，他看似很繁忙，但销量却不尽人意。

小李，他总是固定地站在一个地方，双腿略微分开，以保持他的站姿。为了让客人看到报纸的大标题，他把报纸放在胸前。他总是保持着微笑，并且使用“早上好”愉悦地向身边的人问好。当有人购买报纸时，他会露出灿烂的笑容，当别人转身离去时，他会大喊“谢谢你，祝你天天快乐！”他的报纸销量是最高的。

小李并没有优越的地理位置，也没有繁忙的奔跑，他只是靠自己的微笑赢得了顾客，成为销量最高的一位。

微笑作为一种特殊而重要的身体语言，对于现代商务人士来说不知有多么重要！商务交往中，你的客户可不想看到你愁眉苦脸的样子。相反，如果不时地施以真诚的微笑，就可能感染他，使他愉悦并更愿意与你相处。

微笑是一种亲切的语言，在工作和生活中多一些微笑，也就多了份安详、融洽、和谐与快乐。微笑富有魅力，微笑招人喜爱。微笑可以缩短人与人之间的距离，化解令人尴尬的僵局，沟通彼此的心灵，使人产生安全感、亲切感、愉快感。当你向别人微笑时，实际上就是以巧妙、含蓄的方式告诉他，你喜欢他，你尊重他。这样，你也就容易博得他人的尊重与喜爱，赢得大家的信任。

阅读思考：

1. 为什么说“微笑是世界上最通用的语言”？
2. 你会熟练运用微笑这门最美的语言吗？

5.微笑是通往成功的捷径

> 生活和工作中不能缺少微笑。如果我们能够永远保持笑容，不仅会有益于健康，而且也会成为事业成功的巨大动力。

真诚微笑的人，富有魅力，人人喜爱。微笑，被人们称为“成功的秘诀”。

权威调研数据显示，善于微笑服务的人，很少与他人发牛摩擦，业绩也大大高于脸色阴沉冷漠的业务员。从某种角度来讲，微笑就意味着财富，意味着生意兴隆，意味着企业生机勃勃、蒸蒸日上，意味着成功！

卡耐基在他的《人性的弱点》中介绍了一个因为微笑而获得成功的例子：

纽约百老汇大街证券交易所有名的经纪人斯坦哈特，过去是个严肃刻薄、脾气暴戾的人，以至他的雇员、顾客甚至太太见他都尤恐避之不及。后来，他请教了一位心理学家，学会了微笑，一改旧习，无论在电梯里还是在走廊上，不论是在大门口还是在商场，逢人三分笑，像普通的职员一样虔诚地与人握手。结果，不仅夫妻和睦相处，相亲相爱，而且顾客盈门，生意兴隆。从这个意义上说，微笑是一笔财富。

这个例子告诉我们，微笑是事业的风帆。

微笑是一种修养，是一种风度，是成功者共有的特征。

一个阴云密布的午后，由于瞬间的倾盆大雨，行人纷纷进入就近的店铺躲雨。一位老妇也蹒跚地走进费城百货商店避雨。面对她略显狼狈的姿容和简朴的装束，几乎所有的售货员只看了她一眼，就各顾各地忙着理货，对老太太不搭不理，惟恐老太太麻烦他们。

这时，一个叫菲利的年轻售货员诚恳地走过来微笑着对她说："夫人，我能为您做点什么吗?"

老妇人莞尔一笑："不用了，我在这里躲会儿雨，雨停了就走。"老妇人随即又心神不定起来，不买人家的东西，却借用人家的屋檐躲雨，似乎不近情理，于是，她开始在百货店里转起来，哪怕买个头发上的小饰物呢，也算给自己的躲雨找个心安理得的理由。

正当犹豫徘徊时，那个小伙子又走过来微笑着说："夫人，您不必为难，我给您搬了一把椅子，放在门口，您坐着休息就是了。"两个小时后，雨过天晴，老妇人向那个年轻人道谢，并向他要了张名片，就走出了商店。

几个月后，费城百货公司的总经理詹姆斯收到一封信，信中要求将这位年轻人派往苏格兰收取一份装潢整个城堡的订单，并让他承包自己家族所属的几个大公司下一季度办公室用品的采购订单。詹姆斯惊喜不已，匆匆一算，这一封信所带来的利益，相当于他们公司两年的利润总和！

他在迅速与写信人取得联系后，方才知道，这封信出自那位曾在商场躲过雨的老妇人之手，而这位老妇人正是美国亿万富翁"钢铁大王"卡耐基的母亲。

詹姆斯马上把这位叫菲利的年轻人，推荐到公司董事会上。毫无疑问，当菲利打起行装飞往苏格兰时，他已经成为这家百货公司的合伙人了。那年，菲利22岁。

随后的几年中，菲利以他一贯的忠实和诚恳，成为“钢铁大王”卡耐基的左膀右臂，事业扶摇直上，成为美国钢铁行业仅次于卡耐基的富可敌国的重量级人物。

是什么让菲利轻易地与“钢铁大王”卡耐基攀亲附缘、并肩齐举，从此走上了让人梦寐以求的成功之路呢？是微笑。

微笑是一种宽容、一种接纳，它缩短了彼此的距离，使人与人之间心心相通。喜欢微笑着面对他人的人，往往更容易走入对方的心底。难怪有人说微笑是成功者的先锋。在办公室人际交往中，微笑更是一名员工打开自己人气的钥匙；少了它，纵使你工作上有不俗的表现，也难以打开仕途成功之门。

有一位哲人说过：“你拥有了微笑，你就同样会拥有成功。”

生活和工作中不能缺少微笑。如果我们能够永远保持笑容，不仅会有益于健康，而且也会成为事业成功的巨大动力。

阅读思考：

1. 文中的菲利为什么获得了成功？

2. 请谈谈你对“微笑赢得成功”的理解和认识。

第二章 真诚微笑暖人心

1. 微笑是最好的服务
2. 微笑服务暖人心
3. 今天，你对客户微笑了吗
4. 你的微笑价值百万
5. 让微笑成为你最好的名片
6. 用微笑和诚意为自己解围
7. 微笑，是企业提升竞争力最廉价的资源

1. 微笑是最好的服务

微笑是最简单、最省钱、最可行，也是最容易做到的服务。第一流的微笑就是第一流的服务，它为企业带来的将是第一流的效益。

笑，是人人天生就会的。微笑，是一个人内心真诚的外露，它具有难以估量的社会价值，它可以创造难以估量的财富。

微笑服务是一种力量，它不但可以产生良好的经济效益，使其赢得高朋满座，生意兴隆，而且还可以创造无价的社会效益，使其口碑良好，声誉俱佳。在服务市场竞争激烈、强手林立的情况下，要想使自己占有一席之地，优质服务是至关重要的。而发自内心的微笑，又是其中的关键。事实上，微笑服务是服务工作中一项投资最少、收效最大、事半功倍的措施，是广为各个服务行业和服务单位所重视、提倡、应用的。

所以，很多公司在招聘员工时，以面带微笑为第一条件，他们希望自己的员工脸上挂着笑容，把自己的公司推销出去。

2008 年，美国联合航空公司被两家亚洲旅游刊物评为“北美最佳航空公司”。联合航空公司宣称，他们的天空是一个友善的天空、微笑的天空。的确如此，他们的微笑不仅仅在天上，而且从地面便已开始了。

有一位叫珍妮的小姐去参加联合航空公司的招聘，她没有什么明显的优势。最后她却被录取了，这其中的原因是什么呢？

那就是因为珍妮小姐脸上总带着微笑。

令珍妮惊讶的是，面试的时候，主试者在讲话的时候总是故意把身体转过去背着她，这位主试者不是不懂礼貌，而是在体会珍妮的微笑，因为珍妮应聘的职位是通过电话工作的，是有关预约、取消、更换或确定飞机航行班次的服务。

那位主试者微笑着对珍妮说："小姐，你被录取了，你最大的资本就是你的微笑，你要在将来的工作中充分运用它，让每一位顾客都能从电话中体会你的微笑。"

虽然可能没有太多的人会看见她的微笑，但他们通过电话，可以知道珍妮的微笑一直伴随着他们。

一个大公司的人事经理曾说道："我宁愿雇用一个没上完小学但却有愉快笑容的女孩子，也不愿雇用一个神情忧郁的哲学博士。因为微笑是工作人员的基本要求，也是公司最有效的商标，比任何广告都有力，只有它能深入人心。"

在现实生活中，没谁会轻易拒绝笑脸，微笑在人际关系交往中最具神奇魔力。特别是在服务行业中，微笑是最好的财富，微笑是最简单、最省钱、最可行，也是最容易做到的服务。

微笑服务是服务态度中最基本的标准，是把握服务热情度最好的外在表现形式，微笑给人一种亲切、和蔼、礼貌的感觉，加上适当的敬语会使客户感到宽慰，微笑也是尊重客户的一种极好的方法。

全国劳动模范、北京王府井百货大楼售货员张秉贵，他站了一辈子柜台，接待过几百万顾客，他的"一团火"精神受到人们的交口称赞。他除了有娴熟的服务技术外，更有一颗火热的心，他全心全意为顾客服务，他的微笑温暖着每一位顾客，不仅使顾客买到了称心如意的商品，同时还获得了可贵的精神享受。

有一次，有个上级领导想了解一下实情，他来到柜台前，张秉贵主动问：“请问，您要点什么?”领导做不悦状，回答说：“我要的东西多了，你能给吗?”张秉贵仍然满面笑容，接着问：“您买点什么?”领导又假装不高兴地回答：“我不买东西看看还不行吗?”

张秉贵一看自己的问话有漏洞，又改口道：“请问您看点什么?”领导满意地露出笑容。张秉贵始终像一团火，温暖着千万人的心。

微笑是沟通人与人之间情感的桥梁，对于服务行业而言，更是至关重要，客人总是因为看到服务人员温和的微笑，判断对店铺的整体印象和办事态度，有时候，无声的微笑比语言更有力量。在生活中，再普通不过的一个微笑，若融入服务行业之中，将它演绎为一种工作态度，一种生活方式，那就能带来众多的商机和不可估量的经济效益。

沃尔玛的创始人山姆·沃尔顿曾说过这样一句精彩的话：“我们的老板只有一个，那就是我们的顾客，是他付给我每月的薪水，只有他有权解雇上至董事长的每一个人，道理很简单，只要他改变一个购买习惯，换到别家商店买东西就是了。”

美国一位老太太在一家日杂店购买了许多商品后遇到了店老板，老太太说：“我已经12年没到你的店来了，12年前，我每周都要到你的店买东西。可是，有一天，一位店员满脸冰霜，态度实在糟糕，所以我就到其他店购买商品了……”老板听完，赶忙道歉。老太太走后，老板算了一笔账：如果老太太每周在店里消费25美元，那么，12年就是1.56万美元，按照最保守的估算，他至少损失了1000美元的利润，而这仅仅是因为缺少了一个微笑。

不懂得微笑服务的员工使顾客避之唯恐不及。从中我们可以看出，服务工作的优劣，经济效益的高低就体现在微笑服务里。

微笑服务如此重要，一个员工如果连起码的微笑服务都做不到，又怎能得到广大客户和社会的信任与支持呢？只有把微笑服务贯穿到整个工作过程中，才能使其发挥更好的服务作用。一个微笑的招呼、一句微笑的问候都能拉近我们与顾客之间的距离，使顾客感觉到心贴心的温暖，感到我们是用心在为其服务，从而起到稳定客户、提高销量的作用。

放眼世界，展望未来，在未来社会的竞争中，每个企业微笑服务，将以崭新的姿态与大家见面。我们的企业、我们的公司、我们的员工如果能在经营和服务过程中，见人就微笑以待，讲话则微笑相伴，如此还怕做不好服务，还担心顾客不满意吗？总之，微笑是永不过时的通行证，任何时候都少不了它。微笑服务应该成为服务行业员工甚至所有工薪人员的座右铭，并将它切实贯彻于自己的职业行为之中。

阅读思考：

1. 为什么说“微笑是最好的服务”？请结合工作实际，谈谈你的理解和认识。

2. 在服务工作中，你向顾客展示你最真诚的笑容了吗？

3. 请简述微笑服务的重要性。

2. 微笑服务暖人心

让我们在平凡的岗位上充分展示最具亲和力的微笑，提供时间最短但最暖人心的微笑服务，体现自我价值，带着愉快的心情上岗，把微笑传递四方！

微笑服务是企业的服务理念之一，也是对员工素质的基本要求，全国许多行业都在提倡微笑服务。对于服务行业来说，至关重要的是微笑服务。

张先生有一次在某银行办理取款业务，银行职员机械地为他办着手续，面无表情，办好之后，把他的储蓄卡和现金不屑一顾地往柜台一丢就完事了。张先生只得一一把卡和现金从冰冷的柜台上拿起，心里别提有多不舒服了，取自己的钱还要看别人的脸色，心里着实窝火。几次这样的冷遇后，不到万不得已，张先生一般不到这家银行办理业务。

张先生在另一家银行办理业务时，感觉却不一样，轮到他时，银行的职员小姐会面带笑容：“对不起，先生，让您久等了，请问您办什么业务?”

张先生说：“取款。”

她就会接上一句：“请稍等。”办好之后，她把卡和钱亲自交到张先生的手中，并说：“这是您的东西，欢迎下次再来。”张先生感到心中暖洋洋的。心想，这种人性化的服务真是让人

高兴，打定主意，以后的业务都到这里来办。

正所谓：“诚招天下客，客从笑中来；笑脸增友谊，微笑出效益。”

俗话说“于细微处见精神”，在服务工作中，微笑是服务行业从业人员所必备的素质，服务人员面带微笑，客户就有了宾至如归的感觉。我们倡导微笑服务，就是要以微笑为纽带，提升服务质量，促进经济效益的发展。

有一位大爷提着一大袋零钱一脸难色地走进银行的大门，站在门边像在犹豫什么，李英见了马上站起来微笑着说：“大爷，有什么要帮忙吗?”

看到微笑的工作人员，老大爷受到了鼓舞，走过去问：“小妹妹，我家拆房子了，零钱整出一大堆，能帮帮忙换一下吗?”

“能!”李英爽快地应了下来。几位同事都过来帮忙，不到20分钟就把事情做好了。

老大爷拿着100多元钱，像中了大奖似的非常开心，逢人就说：“别人都说这么碎的零钱现在没处换，在银行的门口，我看到了里面小姑娘的笑脸，进去试试，成了。这真是我们老百姓自己的银行啊。”

微笑服务，并不仅仅是一种表情的展示，更重要的是与被服务对象作感情上的沟通和交流。试想一下，如果一个服务人员只会一味地微笑，而对客户的要求一概不问，那么这种微笑又有什么用呢？因此，微笑服务，需要的是真诚的笑，那种把客户当亲人、当朋友的笑。

服务从微笑开始。有些时候，我们不能改变现状，但可以调整自己的心态，用一个真诚的微笑就足够了。只有具备良好的心态，爱岗敬业、忠于职守，才能表现出人们欣赏的微笑。

让我们在平凡的岗位上充分展示最具亲和力的微笑，提供时间最短但最暖人心的微笑服务，体现自我价值，带着愉快的心情上岗，把微笑传递四方！

阅读思考：

1. “微笑服务暖人心”，你对此是如何理解和认识的？

2. 如果你是客服人员，你能让你的微笑去温暖每一个客户吗？

3. 今天，你对客户微笑了吗

微笑是最简单、最省钱、最可行，也最容易做到的服务，更重要的是，微笑是成本最低、收益最高的投资。

作为一线服务人员，必须永远坚持对客户保持微笑，因为面带微笑的人最容易受人欢迎。服务人员万万不可把心中的愁云摆在脸上，相反，服务人员要把发自内心的类似于婴儿般天真无邪的微笑展示给客户，使初次见面的人如沐春风，从而营造出一种良好的气氛，使服务获得圆满成功。

美国著名的“旅馆大王”希尔顿所领导的希尔顿集团之所以能够称雄世界，独具特色的经营手段还在其次，它的秘诀就在于微笑服务。

当初希尔顿投资5000美元开办了他的第一家旅馆，资产在数年后迅速增值到几千万美元。此时希尔顿得意地向母亲讨教现在他该干什么，母亲告诉他：“你现在去把握更有价值的东西，除了对顾客要诚实之外，还要有一种更行之有效的办法，一要简单，二要容易做到，三要不花钱，四要行之长久——那就是微笑。”

于是，希尔顿要求他的员工，不论如何辛苦，都必须对顾客保持微笑。

“你今天对顾客微笑了吗？”是希尔顿的座右铭。在五十多年中，希尔顿不停地周游世界，巡视各分店，每到一处同员工说得最多的就是这句话。

在美国经济萧条的1930年，旅馆业80%倒闭。在同样难免噩运的情况下，希尔顿还是信念坚定地飞赴各地，鼓舞员工振作起来，共度难关。即便是借债度日，也要坚持“对顾客微笑”。在最困难的时期，他向员工郑重呼吁：“万万不可把心中的愁云摆在脸上，无论遭到何种困难，‘希尔顿’服务员脸上的微笑永远属于顾客!”

他的信条得到贯彻落实，“希尔顿”的服务人员始终以其永恒美好的微笑感动着客人。很快，希尔顿饭店就走出低谷，进入了经营的黄金时期，并添加了许多一流设备。当再一次巡视时，希尔顿问他的员工们：“你们认为还需要添置什么?”员工们回答不上来。

希尔顿笑了：“还要有一流的微笑!”他接着说：“如果我是一个旅客，单有一流的设备，没有一流的服务，我宁愿弃之而去住那种虽然设施差一些，却处处可以见到微笑的旅馆。”

微笑不仅使希尔顿公司率先渡过难关，而且带来巨大的经济效益，发展到在世界五大洲拥有七十余家旅馆，资产总值达数十亿美元。

曾有一位哲人说过：“微笑，它不花费什么，但却创造了许多成果。它丰富了那些接受的人，而又不使给予的人变得贫瘠。他在一刹那间产生，却给人留下永恒的记忆。”希尔顿凭靠的就是不花任何资本，轻松便可做到的微笑，如清风一缕吹开了顾客的心扉，从而使全世界都知道了“希尔顿”，都记住

了“希尔顿”那亲切的微笑。

希尔顿总结说：“微笑是最简单、最省钱、最可行、也最容易做到的服务，更重要的是，微笑是成本最低、收益最高的投资。”因此，他要求他的员工不管多么辛苦、多么委屈，都要记住任何时候对任何客户，用心真诚地微笑。

没有人能轻易拒绝一个笑脸，因为笑是人类的本能，要人类将笑容从脸上抹去是件很困难的事情。由于人类具有这样的本能，微笑就成了两个人之间最短的距离，具有神奇的魔力。因此，服务人员想让客户接受自己，微笑就是最好的通行证。

客户绝不会拒绝服务人员真诚而富有感染力的微笑。愿我们每位服务人员在每一天下班的时候，也要问一问自己：“今天，我对客户微笑了吗？”

阅读思考：

1. 希尔顿饭店为什么能凭微笑取得成功？
2. 问一问自己：“今天，我对客户微笑了吗？”

4. 你的微笑价值百万

对于一个高情商者来说，微笑是不可缺少的。把笑容展示给别人，你得到的不仅是快乐，更多的是别人对你的认可。懂得微笑的人，他就拥有价值百万的无形财富。

微笑有价值吗？有！微笑无需成本，却可以创造出无限价值。微笑可以让得到它的人富裕，却并不会让奉献它的人变穷。你给别人送去多少微笑，别人就会回报你多少友情。

美国历史上第一个年薪百万美金的高级打工仔施瓦伯曾经说过，他的微笑已经值百万。因为施瓦格的人格、他的魅力、他善于讨人喜欢的能力，差不多完全是他的特殊成功的原因。而他人格中一种最可爱的因素，就是那令人倾心的微笑。

威廉·怀拉是美国一位销售寿险的顶尖高手，年收入高达百万美元，他成功的秘诀就在于拥有一张令客户无法抗拒的笑脸。这张迷人的笑脸并不是天生的，而是长期苦练出来的。

威廉原来是全美家喻户晓的职业棒球明星球员，到了40岁因体力日衰而被迫退休，之后他去应征保险公司销售员。

威廉以为凭自己的知名度理应被录取，没想到竟被拒绝了。人事经理对他说：“保险公司销售员必须有一张迷人的笑脸，而你却没有。”

听了经理的话，威廉没有气馁，他开始苦练笑脸，每天在家里放声大笑百次，邻居都以为他因失业而神经错乱了。为避免误解，他干脆躲在厕所里大笑。

经过了一段时间的练习，他去找经理，可经理说："还是不行。"

威廉不泄气，仍旧继续苦练，他搜集了许多公众人物迷人的笑脸照片，贴满屋子，以便随时观摩。隔了一阵子，他又去见经理，经理冷冷地说："好一点了，不过还是不够吸引人。"

威廉不认输，回去加紧练习。有一天，他散步时碰到社区的管理员，很自然地笑了笑，跟管理员打招呼，管理员对他说："怀拉先生，您看起来跟过去大不一样了。"这句话使威廉信心大增，他立刻又跑去见经理，经理说："有点味道了，不过仍然不是发自内心的笑。"

威廉不死心，又回去苦练了一段时间，终于悟出"发自内心如婴儿般天真无邪的笑容最迷人"，他终于练成了一张价值百万美元的笑脸。

但是，一定要记住，当你笑的时候，必须是发自内心的，是真诚的，否则矫揉造作的笑容只会破坏你原来坦然的形象。其实，世界上拥有价值百万笑容的不止威廉一个，同是推销员的日本人原一平的微笑也是一个著名的例子：

原一平是个矮个子，毫无气质与优势可言。在最初成为推销员的七个月里，他连一分钱的保险也没拉到，更谈不上拿到薪水了。为了节省开支，他只好上班不坐电车，中午不吃饭，晚上睡在公园的长凳上。但他依旧精神饱满，每天清晨五点起床从“家”徒步上班。一路上，他不断地微笑着向擦肩而过的行人打招呼。

一位绅士经常看到他这副快乐的样子，很受感染，便邀请他共进早餐。尽管他饿得要死，但还是委婉地拒绝了。当得知他是保险公司的推销员时，绅士便说：“既然你不赏脸和我吃顿饭，我就投你的保好啦！”他终于签下了生命中的第一张保单。更令他惊喜的是，那位绅士是一家大酒店的老板，帮他介绍了不少业务。从此，原一平的命运彻底改变了。由于他的微笑总能感染顾客，他便成了日本历史上最为出色的保险推销员；而他的微笑，亦被评为“价值百万美元的微笑”。原一平的笑容是如此的神奇，在给顾客带来欢乐与温暖的同时，也给自己带来了巨额的财富和一世的英名。

英国的一位政治家说过：“一个微笑，价值百万美元。”这个数字显然是虚拟的比喻，其真正的价值恐怕是难以用具体数字来估量的。

微笑不但能够保持外在的良好形象，而且也影响着自己和别人的情绪。真诚地微笑能调节体内的荷尔蒙，让人由内向外放射着愉悦的光彩。而笑容又能够影响他人，让他们像你一样产生愉悦的情绪。心理学家分析后认为，如果你对他人微笑，对方也会回报以友好的笑脸，但在这回报式的微笑背后，有一层更深的意义，那便是对方想用微笑告诉你，你让他体会到了幸福。而这是一个良性的传播快乐的过程。一些不懂得利用微笑价值的人，实在是很不幸的。要知道，微笑在交往中能发挥极大的效果，无论在家里，还是在办公室，

甚至在途中遇见朋友，只要你不吝微笑，立刻就会显示出你优秀的一面来。

对于一个高情商者来说，微笑是不可缺少的。把笑容展示给别人，你得到的不仅是快乐，更多的是别人对你的认可。懂得微笑的人，他就拥有价值百万的无形财富。

阅读思考：

1. 为什么说“微笑价值百万”？你对此是如何理解和认识的？

2. 看了这部分内容，你弄明白微笑的价值了吗？

5. 让微笑成为你最好的名片

不要把聪明挂在脸上，而是要将微笑时刻挂在脸上，因为在很多时候，笑容就是我们最好的名片，对沟通起着不可估量的作用。

生活中有这样一张名片，是那么的鲜亮，那么的温暖，它散发着生命的芬芳，闪烁着智慧的光芒，这就是微笑——一张在人际交往中最好的名片。

人生在世，充满着苦累，也充满着美丽。而这美丽，正在于人能微笑。微笑，它能带来真诚，带来希望；微笑，它拉近了人与人之间的“距离”，并从中体会到快乐。微笑，确实是一张最好的名片！

在生活和工作中，如果你脸上总是能面带微笑的话，那对于你来说就是一笔巨大的无形资产。即使你的笑容不是那么阳光灿烂，那也不重要，重要的是你时常保持着微笑。在人们的工作和生活中，没有一个人会对一位终日愁眉苦脸的人产生好感。相反，一个经常面带微笑的人，往往也会使他周围的人心情开朗，并受到周围人的欢迎。在一般情况下，如果你对别人皱眉头，别人也会用皱眉头回敬你；如果你给别人一个微笑，别人就会用更加灿烂的微笑回报你。

在底特律的哥堡大厅内，曾举行过一次规模庞大的汽艇展览会。展览会上，人们可以任意选购各种船只，从小帆船到豪华的巡洋舰，只要有钞票，什么船都可以买到。

一个衣着普通的老头站在一艘价值1000万美元的大船面前，对销售员说：“我想买这艘船。”

那位销售员看了看老头，主观地认定他不可能有钱买，就没有理睬他。

老头又说了一遍：“我想买这艘船。”

销售员更加坚定自己的判断，他认为这个老头是在浪费他的宝贵时间，所以脸上一点笑容都没有。

“我想买这艘汽船。”老头又说了一遍。这是第三遍了。

销售员以为老头是在故意找茬，脸上非但没有笑容，反而变得冷冰冰的。

老头看了看销售员那张没有笑容的脸，走开了。

老头继续参观。他来到了一艘价值2000万美元的船前，这次他受到了一个年轻销售员的热情招待。这位销售员脸上挂满了亲切的微笑。

热情的微笑让老头有了亲切的感觉。他笑着对销售员说：“我想买你的这艘汽船。”

“没问题！”这位销售员说，他的脸上挂着微笑，“我会为你介绍我们的汽船。”

老头留了下来，签了一张200万美元的支票作为订金，并对这位销售员说：“我喜欢人们表现出来一种他们非常喜欢我的样子，你现在已经用微笑向我推销了你自己。在这次展览会上，你是唯一让我感到我是受欢迎的人。明天我会带一张1800万美元的保付支票回来。”

这位老人是一位来自中东某国家的富翁。他很讲信用，第二天果真带了一张保付支票回来，购买了价值2000万美元的汽船。

读完上面的故事，我们不难得出这样的启示：不要把聪明挂在脸上，而是要将微笑时刻挂在脸上，因为在很多时候，笑容就是我们最好的名片，对沟通起着不可估量的作用。

在销售和服务工作中，每一个客户都是你的上帝，都很重要，微笑面对每一位客户，这是对客户最大的尊敬，也只有尊敬每一个客户，你才能获得客户的心，才有后面赢的机会。其实，不只有成交是如此，办任何事情都是一样，懂得用微笑去尊重他人的人，才有成功的机会。

有人曾说过这样的话："微笑的力量真的很大！当这股力量被释放出来，并不断用自己的信心补充能量时，它就会形成一股不可抗拒的力量，并足以克服一切困难。"

在销售和服务过程中，销售服务员可以将这股微笑的力量传递给每一位客户，并可以激发他们的想象力和购买欲。据一份调查表明，微笑在销售中占的分量为95%，而产品知识只占5%。当你看到一名新雇员在不知道成交方法，而只掌握一点最基本的产品知识，却能不断将产品推销出去时，你就会认识到微笑是多么重要。

我们的客户也是有血有肉的人，也是一样有感情的，他也有种种需要，因此，你如果一心只想增加销售额，赚取销售利润，而冷淡地对待你的客户，那成交的可能性就微乎其微了。因此，面对客户时，你应该首先用微笑去打动客户，唤起客户

对你的信任和好感，这样，交易才能顺利完成。

有时成功就来自对一个笑容的坚持。对销售员来说，笑容就是最好的名片。

笑容是一种令人感觉愉快的面部表情，它可以缩短人与人之间的心理距离，为深入沟通与交往创造温馨和谐的氛围。因此有人把笑容比作人际交往的润滑剂。

微笑是一种修养，并且是一种很重要的修养，微笑的实质是亲切，是鼓励，是温馨。真正懂得微笑的人，总是容易获得比别人更多的机会，总是容易取得成功。因为微笑是人生中最好的名片。

阅读思考：

1. 为什么说“微笑是一张最好的名片”？你对这句话是如何认识和理解的？

2. 读完上面的故事，你受到了哪些启示？

3. 想一想，在工作和生活中，你打算怎样去用好微笑这张名片？

6. 用微笑和诚意为自己解围

客服人员不管面对的是客户的责难还是表扬，都要以诚为先，微笑相对，这样才能赢得客户的心。

日常工作生活中，微笑能够消除成见，淡化隔阂，缩短人与人之间的距离。微笑能够给人带来快乐、愉悦，带来感动、温馨。

对我们从事客服工作的人来说，微笑显得尤为重要。微笑可以感染客户，使你与客户亲近了许多；微笑可以换来客户对你的满意和信任。当你面带微笑时，你哪怕在工作中有了一些不足或差错，客户也不会和你计较。有时你面对的客户，也许他正遇上心情不好、心中不快，这时你若是冷面冷语，言语偏激，那必然有一场在所难免的“冲突”，因为这时候你极有可能成为这位客户的“出气筒”。如果你面带微笑，轻声慢语，也许会给客户带来安慰，你的微笑、热情，一定会让客户的不高兴“云消雾散”。

在杂志上曾读到这样一个故事：

飞机起飞前，一位乘客请求空姐给他倒一杯水吃药。空姐很有礼貌地说：“先生，为了您的安全，请稍等片刻，等飞机进入平稳飞行状态后，我会立刻把水给您送过来，好吗？”

15 分钟后，飞机早已进入了平稳飞行状态。突然，乘客服务铃急促地响了起来，空姐猛然意识到：糟了，由于太忙，自己忘记给那位乘客倒水了！当空姐来到客舱，看见按响服务铃的果然是刚才那位乘客。她小心翼翼地把水送到那位乘客跟前，面带微笑地说："先生，实在对不起，由于我的疏忽，延误了您吃药的时间，我感到非常抱歉。"

这位乘客抬起左手，指着手表说道："怎么回事，有你这样服务的吗?"

空姐手里端着水，心里感到很委屈，但是，无论她怎么解释，这位挑剔的乘客都不肯原谅她的疏忽。

接下来的飞行途中，为了补偿自己的过失，每次去客舱给乘客服务时，空姐都会特意走到那位乘客面前，面带微笑地询问他是否需要水，或者别的什么帮助。然而，那位乘客余怒未消，摆出一副不合作的样子，并不理会空姐。

临到目的地前，那位乘客要求空姐把留言本给他送过去，很显然，他要投诉这名空姐。此时空姐心里虽然很委屈，但是仍然不失职业道德，显得非常有礼貌，而且面带微笑地说道："先生，请允许我再次向您表示真诚的歉意，无论您提出什么意见，我都将欣然接受您的批评!"那位乘客想说什么，可是却没有开口，他接过留言本，开始在本子上写了起来。

等到飞机安全降落，所有的乘客陆续离开后，空姐本以为这下完了，没想到，等她打开留言本，却惊奇地发现，那位乘客在本子上写下的并不是投诉信，相反，这是一封热情洋溢的表扬信。

是什么使得这位挑剔的乘客最终放弃了投诉呢？在信中，

空姐读到这样一句话："在整个过程中，你表现出的真诚的歉意，特别是你的12次微笑，深深打动了我，使我最终决定将投诉信写成表扬信！你的服务质量很高，下次如果有机会，我还将乘坐你们的这趟航班！"

案例中的空姐面对乘客的抱怨和不满时，没有显示出不愉快的脸色，而是用微笑和诚意化解了这场危机。这是值得我们每个人学习的，要赢得消费者，就要懂得微笑。

客服人员不管面对的是客户的责难还是表扬，都要以诚为先，微笑相对，这样才能赢得客户的心。

微笑是世界上最美丽的花朵，它有无穷的魅力，任何不满在它面前都会被软化。所以，当你想取得别人的谅解时，不妨带上微笑，如果一次微笑不见成效，就来第二次。要把微笑当成一种习惯，这种习惯会使你受用无穷。

阅读思考：

1. 读了空姐的故事，你有哪些启发？

2. 在工作和生活中，你用微笑为自己解过围吗？当时的情境是怎样的？

7. 微笑，是企业提升竞争力最廉价的资源

在市场竞争激烈、强手林立的情况下，要想使自己占有一席之地，优质服务是至关重要的。而发自内心的微笑，又是其中的关键。

当今世界，各企业之间的竞争越来越激烈。谁有先进的生产技术、科学的生产经营管理方式，谁就会在竞争中立于不败之地，就具有竞争的活力；否则就会在竞争中落败。其实，在生产经营管理方式中，除了这些以外还有重要的一方面就是“微笑服务”。在现代社会竞争中，微笑不仅仅是一种服务态度，更重要的是成了一种商品和商业竞争。

在世界快餐业中，麦当劳可以称得上是领军企业。麦当劳所销售的汉堡包其实不是什么了不起的美味佳肴，也没有奇特的味道，不过是把牛肉或者是其他肉夹在了面包里，而且这种夹肉馅的汉堡也不是麦当劳首创的。但是，麦当劳却吸引了大量的消费者来购买，这是什么原因呢？

麦当劳所有食品的方便快捷，高水平的质量保证，店面布置得活泼有趣，营销手段的匠心独运等，都是其成功的重要因素，但恐怕更重要的就是其一流的服务水平。麦当劳做到了这一点，轻松而且自然，其实这只不过来源于一个很小的秘密：麦当劳快餐的收款机朝店员的一面上都写着这样一个词——微笑。

当然，顾客是看不到收款机上的这个秘密的。于是，在收

钱的时候，在找零的时候，麦当劳的店员们始终不会忘记微笑着说一声：“谢谢！”一个微笑，一句“谢谢”，让麦当劳赢得了整个世界的顾客。

亲切的微笑是麦当劳最令人津津乐道的“注册商标”，所有店员都面露微笑，让顾客觉得很有亲切感，忘记一天的辛劳。在麦当劳餐厅的菜单上，除了汉堡包、麦香鱼、炸薯条、奶昔和饮料的价格外，还格外加上一个项目——微笑：免费。

顾客来餐厅用餐，不仅重视食物的口感，更注重在店里的气氛，营造一个充满了微笑的温暖空间，这也是在其他快餐店所看不到的。在麦当劳用餐，特别能感到温馨的气息。因为每一位员工是如此的有亲和力。这让顾客感觉麦当劳不仅只是一家快餐店，更是一个散播欢乐和爱的地方。每当人们光顾麦当劳的时候，都能够切身地享受这一种舒适的感觉。这就是麦当劳不是秘诀的秘诀。

与麦当劳相似，世界连锁超市中的巨无霸，美国的沃尔玛商业连锁集团之所以能够保持其世界第一连锁超市的商业集团地位，其最关键的经营秘诀就在于服务。沃尔玛集团一直强调的经营宗旨就是“让微笑成为最难得的商品”，而沃尔玛的员工也确实是这么做的，他们用自己的微笑及谦和有礼的态度面对消费者，让消费者觉得沃尔玛对自己十分尊重。

沃尔玛有个“三米微笑原则”，它是由沃尔玛创始人山姆·沃尔顿先生传下来的，并沿用至今。三米微笑原则指的是公司要求员工承诺：当他在三米之内碰见一位顾客时，无论何时，他都要看着顾客的眼睛，向顾客问好，并询问顾客是否

需要帮助。如果可能，还要尽量叫出顾客的名字。

沃尔玛的微笑服务与其他店不同，它要求所有员工微笑时，必须露出八颗牙齿才算合格。只有把嘴张到露出八颗牙齿的程度，才称得上是合格的微笑。所以，去沃尔玛购物的人很多，因为在那里，售货员的微笑给人一种亲切自然的感觉，在那里可以享受一个消费者内心的满足。

沃尔玛能够成为零售业的巨无霸，不仅与其低价策略有关，也与其一以贯之的服务水准有关。从这个意义上讲，其微笑背后的优质服务才是沃尔玛真正的竞争力。

众所周知，“服务至上，客户至尊”是当今市场经济的至理名言，一个企业要想在市场竞争中站稳脚跟，除了要有过硬的产品质量外，良好周到的服务也是必不可少的。服务是企业竞争的“软实力”。而微笑不仅是热情周到服务最基本的要求，同时也是最直接的体现，且它唾手可得，无需多少精力、财力。从这个意义上讲，微笑是提升企业竞争力最廉价的资源。

微笑是我们精神状态的最佳写照，是人与人之间的最短距离，在市场经济激烈竞争的环境中，在工作、生活节奏不断加快的形势下，我们只有真正把“微笑”作为竞争和企业自下而上发展不可或缺的手段，才能为我们的服务提供永不衰竭的力量源泉。

阅读思考：

1. 为什么说“微笑锻造企业核心竞争力”？
2. 在工作中，你践行“三米微笑原则”了吗？

第三章 开发幽默感，笑着去工作

1. 幽默能够改善组织内部的生产力与士气
2. 幽默可以使你保持轻松心情，减轻工作压力
3. 幽默使你更聪明且更有创造力
4. 幽默可以化解工作中的冲突
5. 幽默可以消除工作中的困窘
6. 用轻松的幽默制造微笑

1. 幽默能够改善组织内部的生产力与士气

凡是具有幽默感的人，通常在生活满意度、生产效率、创造力以及工作士气等方面都胜过那些没有幽默感的人。

在剑拔弩张的工作场所，幽默感似乎是用来对付压力的最好方式之一。许多管理专家发现，幽默能够改善组织内的生产力与士气。

美国的一些企业就曾经做过实验，证明幽默确实能够改善生产力，提升士气，并有助于团队合作。某些企业甚至让员工接受幽默训练，想尽办法增加员工的幽默感。在科罗拉多州的迪吉多公司，参加过幽默训练的20位中级主管，在9个月内生产量增加15%，病假次数减少了一半。

如今竞争加剧，企业员工面临超乎寻常的压力。而运用轻松的气氛来进行管理，往往可以取得很好的效果。据美国针对1160名管理者的调查显示：77%的人在员工会议上以讲笑话来打破僵局；52%的人认为幽默有助于其开展业务；50%的人认为企业应该考虑聘请一名“幽默顾问”来帮助员工放松；39%的人提倡在员工中“开怀大笑”。一些著名的跨国公司，上至总裁下到一般部门经理，已经开始将幽默融入到日常的管理活动当中，并把它作为一种崭新的培训手段和管理工具。

幽默作为一种文化无处不在，对于现代企业组织来说，人们越来越相信幽默可以作为传递重要信息的交流媒介。管理者可以通过幽默的方式来激励员工、招揽顾客、扩大利润。幽默的管理者往往能给员工创造一个和谐宽松的工作氛围，使员工上班时开开心心，注意力集中。幽默为管理者如何更好地进行科学管理、生产经营，或为人们调遣自己以适应环境的改变提供了又一条新的方法策略。

加利福尼亚Sun公司的技术人员们，每年都要精心策划一场“愚人节”闹剧。有一次，公司总裁斯科特·麦克尼利上班时发现，他的办公室变成了一个微型高尔夫球场，而且满是用砂子弄成的小陷阱。公司管理人员非但没有把这番闹剧的肇事者加以惩处，反而对他们大加赞赏。他们认为：这种幽默不仅可以使员工们在工作中通力协作，而且可以鼓舞士气。

著名的伊士曼·柯达公司，在纽约为两万名员工建造了一座有四个活动场所的“幽默坊”，其中包括一个图书室，内有各种笑话书籍、卡通书籍以及幽默光盘、录像带和录音带；一个能容纳200人的会议厅，厅内布置了幽默大师卓别林和笑星克罗麦克斯的许多剧照；一个玩具房，里面有各种各样宣泄压力的器具，比如以某人的形象设计的吊袋等；一个高科技房，配备有各种计算机软件和供私人使用的计算机。这些措施不仅可以帮助员工放松神经，解决工作中产生的疑难问题，而且还能使他们开动脑筋，提出更好、更有利于工作的建议。如今，“幽默坊”已逐渐受到越来越多员工的青睐。

美国田纳西州大学心理学教授柯沃德·约理欧非常赞同幽默能提高生产效率这一观点。他通过对幽默效应的研究，发现幽默不但可以减轻疲劳，还能振奋精神，特别是对那些从事重复性劳动的人最有效果——他们如果能在轻松愉快的气氛中工作，往往能够超额完成任务。

在沃尔玛内部有一种独特的文化氛围，它体现了一种团队精神，一种美国人努力工作、友善待人的精神，我们称之为“幽默”文化。沃尔玛人一方面辛勤工作，一方面在工作之余自娱自乐。专家认为，沃尔玛的这种文化氛围是员工们努力工作的动力之源，也是沃尔玛获得成功的最独特的秘密武器。

沃尔玛常以幽默鼓舞员工士气。沃尔玛董事长山姆是一位在工作上非常严厉，但在工作之余却非常喜好寻求乐趣的人。著名的“沃尔玛式欢呼”就是山姆的一大杰作。1977 年，山姆赴日本、韩国参观旅行，对韩国一家看上去又脏又乱的工厂里工人群呼口号的做法颇感兴趣，回沃尔玛后马上试行。这就是后来著名的“沃尔玛式欢呼”。在每周六早上 7：30 公司工作会议开始前，山姆总会亲自带领参会的几百位高级主管、商店经理们一起欢呼口号和做阿肯色大学的啦啦操。另外，在每年的股东大会、新店开幕式或其他一些活动中，沃尔玛也常常集体欢呼口号。“沃尔玛式欢呼”不仅在本国盛行，而且还出口到其他国家。尤其令人不可思议的是，素以严谨著称的德国雇员也同样练习“沃尔玛式欢呼”，而且他们表现出的热情甚至比美国本土的员工还高。公司国际业务负责人博比·马丁说：“老实说，谁都知道没人能让德国人这样大声欢呼。然而，沃尔玛做到了。”

的确，没有多少大公司会有这类集体呼口号、做操或干一些更疯狂举动的事，大部分公司的董事长也都不会在这类活动中亲自带头，并乐此不疲。但山姆就是这样，他对此由衷地喜爱，并认为这正是沃尔玛独特文化的一部分，它有助于鼓舞员工的士气，增强公司内部的凝聚力，促进员工们更好地工作。

在日常生活中，如果管理者能不时地与下属开个玩笑，幽他一默，你的下属必然觉得你很随和，愿意接近你。这样才能真正了解他们，与他们更好地进行沟通，这对于你的工作来说是极为重要的。

某公司里，老板正在给员工们开会。会议接近尾声时，一名员工突然向自己的老板提出了一个问题。

员工问自己的老板："张总，您当初是怎么赚到人生第一笔钱的?"

老板想了很久，然后说："对，我想起来了。那是我在小学读书的时候。那时候的小学生们都不尊重自己的老师，而且对于学校的公共财物也不知道珍惜爱护，弄坏桌椅，毁坏花坛的事时有发生。为了改变这种现象，我们学校就制定出一条规则：凡是有哪个学生用铅笔或小刀弄坏了桌椅，那么他就将在全校学生面前受到挨打处分，或者罚款5元；如果是毁坏花坛，挨打处分不变，只不过是罚款涨到了10元。"

"一天，我不小心把花坛上的砖撬了下来，只好对父亲说，我犯了校规，要么罚款10元，要么在全校学生面前受到挨打处分。父亲说当着全校学生的面挨打真是太丢我家的丑了，于是他答应给我10元，让我交给学校。但是在给我这10元钱之前，他把我带到楼上，狠狠揍了我一顿。”

“我想，我既然已经挨过一顿打，再挨一顿又何妨呢！于是决定当着全校学生的面再挨一顿，以便把那10块钱保存下来。我真的这样做了，这就是我第一次挣到的钱。”

员工听完之后，哈哈大笑。

善用幽默的管理者，容易赢得员工的欢心，在员工中培养出极强的亲和力。这样领导管理起下属来，自然不费吹灰之力。

要想让员工笑着为你工作，管理者不妨适当地运用一下幽默的力量。

幽默是一种人生态度，也是一种生存技巧，幽默能产生一股力量，以对抗周围不如意的境况。幽默能使人放松心情，减低压力。除此之外，凡是具有幽默感的人，通常在生活满意度、生产效率、创造力以及工作士气等方面都胜过那些没有幽默感的人。

阅读思考：

1. 结合文章中的案例，谈谈你对“幽默文化”的理解和认识。

2. 为什么说“幽默能够改善组织内部的生产力与士气”？你是如何看待这一说法的？

3. 幽默对一名员工和工作的重要性不言而喻，你打算怎样去开发自己的幽默感，笑着去工作？

2. 幽默可以使你保持轻松心情，减轻工作压力

> 一个懂得幽默的人，他平时的心情往往比严肃的人要轻松得多，因为笑声把那些不顺心的事都冲淡了，能够经常保持轻松的心情，他的工作压力自然就小得多。

据一项调查显示：幽默的人最受欢迎，被认为是最有魅力的人。幽默是一种生活智慧，幽默是一种人生艺术，幽默是人生的一种境界和心态。

在生活和工作中，人们都在紧张忙碌着自己的今天和明天，总是感觉到自己活得太累，很少有时间让自己的身心放松一下。如果能经常与朋友或者同事用幽默的言语调侃一下，让开心的笑声驱散身心的疲惫，放松一下内心世界，就会感到幽默是一种难得的惬意和怡然。

幽默是人生的一种文化和内涵。它是具有丰富文化底蕴和内涵的人，经过深思熟虑才能总结出来的精辟语言和文字排列。它寓于高雅文化之中，特立于通俗文化之林，是不可或缺的一种文化和时尚。

幽默不仅能使你成为一个受欢迎的人，使别人乐意与你接触，愿意与你共事，它还是你工作的润滑剂，促进你更好更快地完成工作，这往往是采用别的方法所不能达到的，也是成本最低的一种方法。

积极的幽默能使工作环境变得轻松愉快。在与美国老板相处的过程中，你会发现幽默无处不在，他们总是不失时机地幽你一默，总能“化险为夷”。有一天，一位中国雇员被老板叫进了办公室，但是在拿取桌上的文件时，他不小心把美国老板的可乐打翻在办公室的地毯上，他想老板肯定异常恼火，因为美国人最讨厌蟑螂进入办公室了，现在因为可乐，蟑螂部队准保会大规模地袭击办公室。于是他手忙脚乱地赶紧收拾。没想到美国老板微笑着说：“你不用担心蟑螂会进来，绝对不会发生这种事，因为现在是在中国，中国的蟑螂比较爱吃中餐，对于可乐可能没那么大兴趣。”说完之后，两个人都高兴地朗声大笑。

一个人每天的工作时间往往长达八小时，而且人生的黄金时段基本都是在工作中度过的，如果每天都是板着面孔，郁郁寡欢，那人生的乐趣何在呢？工作中没有愉悦的心情，工作效率又怎么会提高？现在的职场已经不仅仅是要求工作，还要求高效率地工作。因此，以一种什么样的心态去面对工作就很重要。身在职场，应该设法将快乐带给每一位同仁，让他们受到自己的感染，让工作成为一门轻松的任务，甚至是一种至高无上的享受。

老张放下手中的报纸，发起议论来：“老是说交通紧张，为什么不修几条运河，一条从四川到新疆，一条从云南通往江南……”

旁边有同事答道："老张，听了您的高见，使我们更加具体、更加深刻地理解了一个成语。"

老张："什么成语？"

"信口开河！"

坐在一旁看文件的科长听完之后愣了一下，随即带头哈哈大笑起来。整个办公室洋溢着欢快的气氛。

工作间隙偶尔开个玩笑，甚至是相互调侃一下，不但不会影响工作，还会给人们带来笑声，这没有什么不好的，也不会对工作造成什么影响。毕竟谁也不愿一整天都在沉闷的气氛中度过，时不时地幽默一下反而能释放压力。

高峰是办公室里的"活宝"，他总是能在恰当的时刻说出几句幽默的话，逗得同事忍俊不禁，办公室里沉闷的气氛也经常被他的几句幽默变得轻松起来。同事们发现高峰似乎从没有不开心的时候，他的办事效率似乎比别人高，尤其是在一些棘手的难度大的工作面前，他总是处理得游刃有余。

同事问高峰有什么秘诀。

高峰开诚布公地回答："我只是比你幽默而已。幽默使我卸下了包袱，轻松前进，这就是我做事比你们快的原因。"

同事听后恍然大悟：原来幽默不仅是笑声，对工作还有这么大的好处！

一个懂得幽默的人，他平时的心情往往比严肃的人要轻松得多，因为笑声把那些不顺心的事都冲淡了，能够经常保持轻松的心情，他的工作压力自然就小得多。

在工作中，有一些适当的、高品位的幽默，可以活跃气氛、振奋精神、缓解压力。

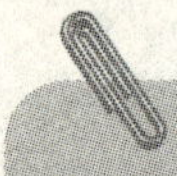

阅读思考：

1. 为什么幽默的人最受欢迎？在工作和生活中，你是一个有幽默感的人吗？

2. 为什么说积极的幽默能使工作环境变得轻松愉快？请列举身边的例子加以阐述。

3. 幽默使你更聪明且更有创造力

心理学家在调查中发现，创造力强的人有一个明显的特点，就是比一般人更幽默。因此，如果我们的工作环境宽松、和谐，充满笑声，我们的思维也更活跃。

马里兰大学做过的一项调查显示，工作时间开玩笑往往令人觉得愉快，而这种感觉直接反映到思考上，会让人们更能想出有效率的解决方法，更机敏，也更敢于冒险。

德林在一家电器公司上班，但是最近他经常迟到，就在他倒数第二次迟到的时候，上司忍无可忍地对他说："德林，我最后一次提醒你，要是你下次再迟到，你就自己收拾东西走人，不用再向我做任何多余的解释！"

收到了这样的"通缉令"后，德林不敢怠慢，一连好几天都起得很早。但是这天早晨不小心又睡过了头，这次恐怕上司铁了心要"开"自己走人了。

等到德林急匆匆冲到办公室的时候，办公室里面悄然无声，每个人都埋头做自己的事情。一个好心的同事冲他挤了挤眼，示意老板生气了。果然，德林刚坐在椅子上，老板就一脸严肃地朝他走了过来。同事们虽然不敢抬头，但是都为他捏着一把汗。

这时，德林突然满面微笑迎上去握住上司的手说："经理，您好！我叫德林，我到这里来是应聘工作的，我知道35分钟之前您这里刚开除了一个人，正好有一个职位空缺，我想我应该是最早来应聘的吧，希望我能捷足先登！”说完，德林满脸自责又无限期望地看着上司。办公室里突然哄堂大笑，上司紧绷的脸终于也憋不住，笑了：“快点干活吧你！”就这样，德林虎口脱险，保住了自己的工作。

好笑吗？更确切地说应该是机智。如果没有德林的幽默，也就没有后来的结果。这就是幽默的力量，幽默在某种时刻可以幻化为智慧，使人在危机中重新找到机会。如果一个人的工作能力没有问题，工作热情也没有问题，而只是有一些小毛病（譬如迟到，爱开玩笑之类的），那老板又怎么能拒绝一个给员工带来欢乐的人呢！在大多数情况下，这种人不仅会有很好的人际关系，还会给同事们紧张的工作带来笑声，使枯燥乏味的工作变得轻松起来，用一句通俗的话讲，就是给生活加点儿糖。这对于工作效率的提高，缓解员工的工作压力，提高员工的工作积极性，都是有很大的好处的。

一辆公交车上，司机的一个急刹车让小伙子不小心踩了姑娘的脚。燥热的天气令人心烦，姑娘怒道：“瞧你那德性！”

本来一触即发的战火却被小伙子的一句话所化解：“这不是德性，而是惯性。”姑娘听后忍不住扑哧笑了出来，公交车上的闷热空气也变得清爽了很多。

著名心理学家弗洛伊德曾经说过：“幽默是认知不协调给人带来的快感。”事实上，出人意料的幽默往往能达到更加显

著的效果。这就是为什么不按常理出牌的人常常令人感到愉悦，正是这种转弯式的思维造就了幽默的效果。

许多时候，幽默会激发你的创造力。心理学家爱丽斯·M·伊森曾做过一个测试发现，一组观看幽默喜剧片的人员比一组观看数学教育片的人员更富有创意。伊森对《魅力》杂志说："心情愉快时，人的创造力更强。因此，不应该忽略为员工创造幽默愉快的工作环境。"

沃尔玛非常重视为员工创造一个宽松的工作环境，在这样的环境下员工可以充分发挥自己的聪明才智。其中，一年一度规模盛大的圆月馅饼竞吃大赛就是一位员工在情急之下的幽默创作。1985年，亚拉巴马州一分店的助理经理订货时出了差错，一下子多订了四五倍的馅饼，面对运到店里堆积如山的馅饼，他自己也吓坏了，因为这东西又无法长时间存放。灵机一动，他想出了吃馅饼比赛的主意以解燃眉之急，结果出乎意料地好。不仅多订的馅饼没有浪费，还为自己多揽了许多订单。

现在，圆月馅饼竞吃大赛已成为每年秋季的大事，因为此项活动给公司带来的销售额高达600万美元。每年10月的第二个星期六都在这家分店的停车场举办此项赛事，观者如潮，还有电视和报刊记者前来采访助兴。

很多心理学家做了大量与幽默有关的研究，结果表明：幽默与创造力密切相关，相辅相成。很多心理学家也视幽默为创造力的核心特征。美国心理学家罗伯特·奥尔森就指出："如果我们存在幽默的态度，就必能激发创新。"综观古今的科学家，他们之中不乏幽默大师。比如电灯的发明者爱迪生就极富幽默感。有人曾嘲笑他用了1200种材料做灯丝，结果统统失败，一无所成。爱迪生没有被打击，反而幽默地回应道："起码我已经成功地证明了1200种材料不适合做灯丝。"换一个角度看问题，让幽默推动更多的创新思维出现，这是爱迪生带给我们的启示。

幽默需要创新思维，也铸就创新能力。有一个知名企业家曾说："幽默是一种机智。"这句话的含义是机智的人才会幽默，而幽默中也激发了机智。心理学家在调查中发现，创造力强的人有一个明显的特点，就是比一般人更幽默。因此，如果我们的工作环境宽松、和谐，充满笑声，我们的思维也更活跃。

你没想到幽默还有如此神奇的力量吧？如果你想更聪明且更有创造力，那就赶快学会幽默吧。

阅读思考：

1. 为什么德林能虎口脱险，保住自己的工作？
2. 你认为幽默与创造力密切相关吗？

4. 幽默可以化解工作中的冲突

> 现实生活中常常不乏令人碰得头破血流仍然得不到解决的问题，但是，如果来点幽默，却往往会迎刃而解，使同事之间化干戈为玉帛。

幽默可以松弛紧张的情绪，也可以自我解嘲。当工作中双方发生争执、剑拔弩张的时候，幽默的态度和语言可以缓和紧张的气氛，化干戈为玉帛。

小王和小李都是刚进公司的小青年，小王血气方刚，容易冲动，小李则比较沉稳，具有幽默感。一次，两人工作中发生了摩擦，小王怒气冲冲地将小李拉到外面的走廊里，要找个时间选个地方跟小李决斗。

小李说："单挑我可不怕你。不过，时间、地点及武器由我决定。"

小王同意了。

小李说："时间就是现在，地点就在走廊里，武器用空气。"

小王一愣，然后哈哈大笑，他要做的只有挠小李的胳肢窝了。

同事间的冲突，无所谓输赢、高低，不必耿耿于怀，结怨报复。若在冲突时善意地运用幽默，则可能化解一场激烈的冲突。

成功学家拿破仑·希尔曾经说：“化解冲突的最好良药，就是含有幽默感成分的机智。”

其实，面对冲突毫不畏惧的人，充其量只能称作是匹夫。但是，面对冲突，能不冲突，而懂得运用机智和幽默来化解冲突的人，才是真正有智慧的勇者。

阿丽和阿清是多年的同事，两人隔桌而坐，情谊深厚，彼此往来都建立了良好的默契。尽管如此，难免发生冲突，就像亲密的牙齿和舌头，有时难免发生咬舌的疼痛。

有一次，为了处理老板交待的事情，两人有不同的看法，在争执不下的情况下，她们居然发生严重的口角，彼此冷战，形同陌路。

到了第三天，阿丽实在忍受不了这样的工作气氛，为了打破僵局，于是趁阿清也坐在座位时，她就翻箱倒柜，把办公桌的抽屉全部打开来翻找一番，这时，阿清终于开口说话：“喂，你把所有抽屉打开来，到底在找什么？”

阿丽看看阿清，幽默地说：“我在找你的嘴巴和声音啦！你一直不跟我讲话，我怎么跟你讲话！”

两人扑哧一笑，重归于好。

幽默是一种最生动的语言表现手法，与幽默的人相处、谈话是非常有趣的事，而与人发生争执、各持己见时，幽默常常可以让人立于不败之地，并化争执为会心一笑。

某公司在一次集体会议上，销售部经理和客户部经理吵了起来。销售部经理毫不客气地说：“你们的客服部总是不负责，碰到客户的责难就让他们直接找销售部，如果销售之后的工作你们不做，那公司客服部不是白养人了吗?”

语音未落，客服部经理拍案而起：“说话可要有点儿良心呀，哪一次你们销售的后期工作不是我们来维护的？你们拿钱走人了，留下烂摊子要我们来收拾，拿提成的时候怎么没想到我们呢?”

“你这是什么话？没有我们销售部，整个公司如何运转？没有我们销售人员跑客户，你们连工资都甭想拿!”销售部经理毫不退让。

老总开始不说话，这时不得不出面阻止了：“好了，这场戏就演到这！同志们，这就是公司不团结的生动写照，我特意请他们两位给大家做了示范，不过幸亏我们公司的人都团结一致，这样才使得我们公司的发展蒸蒸日上。两位的表演水平虽说差点儿，但毕竟不是科班出身，情有可原呀!”

全场爆笑。

幽默是一种智慧的表现，具备幽默感的人到处都受欢迎，可以化解许多人际冲突或尴尬的情境，往往能使人怒气难生，化为豁达，不仅让自己心情愉快，亦可带给他人快乐，难怪有人说笑是两人间最短的距离。

幽默往往通过大家同笑的方式弥补人际间的思想鸿沟，架起感情沟通的桥梁，增加人际间的信任，化解冲突。幽默是解决各种矛盾和问题的最好办法。

公司里炙手部门的经理出缺。部门里全是一等一的人才，大家争得头破血流。最后，居然来了“空降部队”，由别的部门调来了小王担任新的经理。

小王上任那天，大家摩拳擦掌，准备给小王一点颜色。“凭什么让一个外行人来领导我们。”几个原来争权的主管，居然团结在一起。

小王在就职会上致词了。他笑着深深一鞠躬：“在下能到这里来，全要感谢大家。因为这里的能人太多，据说升谁当经理，都是一种不公平。所以按照历史的定则，找我这么一个有傻福的傻人来。”

哄起一团笑声。

小王继续说：“傻人就像个蜡烛的芯，看起来最亮，又布在蜡烛的最高点、最中心。其实啊，他最惨！他是被烧的，烧得焦黑焦黑，你们看看我这么瘦，能烧几下啊?”

大家又笑了。

小王再一鞠躬：“最重要的，是蜡烛芯自己不能烧，全靠四周的蜡油。所以，拜托！拜托！各位同仁，我全靠你们了，请大家帮忙，别让我给烧焦了！”

一屋人都笑弯了腰，把要修理小王的事全忘了。

一个富有幽默感的人必是一个富有情趣的人，一个富有魅力的人。总之，如果你想成为一个受别人欢迎的人，你必须先学会幽默，学会让别人对你笑。没有谁能拒绝一个好的工作环境，没有人会不想让自己开心，所以，你的幽默和笑会是你化解冲突最好的武器。

5. 幽默可以消除工作中的困窘

人际交往中，难免遇到许多棘手的问题或尴尬的场面，恰当地运用幽默，能产生神奇的效果。因为幽默不仅可以带给人们欢乐，而且能让你摆脱尴尬，化险为夷。

有些时候事出意外，场面尴尬，幽默的语言可以解除困窘，营造出融洽的气氛。

《大长今》里的御膳厨房最高尚宫郑尚宫是一个为人风趣、幽默的人。她也曾想永久待在大酱库里终老此生，躲过宫闱中那些勾心斗角的现实。从无奈地接受那个傀儡职位伊始，这个外表淡泊的女人心中便已暗暗下了决心：不是真的要争名夺利。

郑尚宫的“狡黠”智慧可以平息风波，她的幽默品性与轻松话语让皇上进食更加愉悦。

郑尚宫当上了御膳房的最高尚宫。一次，尚膳大人在路上碰到郑尚宫，他说：“听说你成了御膳房最高尚宫。”

郑尚宫：“是。”

尚膳大人：“怎么？你还没玩够？现在让人家把你当傀儡玩？”

郑尚宫：“是，我一个人玩腻了，想跟人家一起玩玩嘛。”

尚膳大人：“呵，看来这出戏一定很好看了。天下第一郑尚宫跟别人一起玩。这太有趣了。”

郑尚宫：“请你时常来看戏。”

尚膳大人：“郑尚宫，我服了你了。”

郑尚宫借助幽默的力量，轻松化解了自己的困窘。

现实生活中有不少人善于运用幽默的语言行为来处理各种关系，化解矛盾，消除敌对情绪。他们把幽默作为一种无形的保护阀，使自己在面对尴尬的场面时，能免受紧张、不安、恐惧、烦恼的侵害。幽默的语言可以解除困窘，营造出融洽的气氛。

德国空军将领乌戴特将军患有谢顶之疾。在一次宴会上，一位年轻的士兵不慎将酒泼洒到了将军头上，顿时全场鸦雀无声，士兵惊骇而立，不知所措。倒是这位将军打破了僵局，他拍着士兵的肩膀说：“兄弟，你以为这种治疗会有作用吗？”全场顿时爆发出笑声。人们心中紧绷的弦松弛下来，而将军的大度和幽默博得了人们的尊敬与爱戴。

如果这位将军大发雷霆，结果就该是另一番样子了。但是他只用一句幽默的话语，就把这个尴尬化解了。

商场里一般都写有“请不要随地吐痰”的字样，可是有的顾客不知是没看见，还是故意为之，总是“啪”一口就吐在了地上，这不仅给清洁工带来麻烦，还给人们的购物环境带来污染。某商场规定“吐痰者罚款一元”，但是这种现象还是没有杜绝，因为大部分时候都不知道“肇事者”是谁。

这一天，商场经理亲自巡视监督。还别说，真就碰上了。一位中年男子走着走着，头一歪就将痰吐在了地上，经理赶紧走过去："先生，您有一块钱吗？"

"没有，都是整的！"顾客以为商场是故意刁难呢，于是不可一世地回答。

经理从兜里掏出一块钱递给他："先生，随意吐痰罚款一元！您现在可以把它交到罚款台，否则的话，商场会全力追查这件事。"

顾客哈哈一笑："你为什么告诉我？你是谁？"

经理说："我是经理！如果您不能保证遵守商场规定，您还可以从我这里借一块钱！"

本来是一件棘手的事，被经理轻松化解了，场面也由尴尬转为活跃。管理者以幽默的方式处理一些突发事件，这无形中给员工起了一个示范作用，也是对员工的一次培训。

一个销售员想和一家公司的董事长见面，他请秘书把自己的名片递进去。秘书恭敬地把名片交给董事长，一如预期，董事长不耐烦地把名片丢回去，"又来了！"秘书很无奈地把名片退回给立在门外受尽尴尬的销售员，然而，销售员不以为然地再把名片递给秘书。

"没关系，我下次再来拜访，所以还是请董事长留下名片。"

拗不过销售员，秘书硬着头皮再次走进办公室。董事长生气了，将名片一撕两半，丢回给秘书。

秘书不知所措地愣在当场，董事长更气，从口袋里拿出十块钱，"十块钱买他一张名片，这总够了吧！"

岂料当秘书递还给销售员名片与钞票时，销售员很开心地高声说：“请你跟董事长说，十块钱可以买我两张名片，我还欠他一张。”随即再掏出一张名片交给秘书。

突然，办公室里传来一阵大笑，董事长走了出来：“这样的销售员不跟他谈生意，我还找谁谈?”

这是销售员每天都可能碰到的场面，如果光是靠修养或是魔鬼营训练，总有泄气时，如果此时能幽默一下，就能轻松化解这种尴尬。

幽默是沟通中的润滑剂，可以化解尴尬，融洽气氛。销售员若能恰如其分地运用幽默，就能更容易地接近客户，增进彼此的感情。

要成为一个优秀出色的人，拥有幽默感是必不可少的。只有这样，才能在工作和生活中，以及与上司、下属、客户的人际沟通中畅行无阻。

其实在生活和工作当中，我们每个人都可变得幽默一些，它并不是天才、高智商、喜剧演员的专利品。只要你学习让嘴角往上翘，换个新鲜角度欣赏事物，即可学会幽默，走出尴尬和困窘。

阅读思考：

1. 从上面的幽默故事里，你学到了什么？

2. 幽默可以消除工作中的困窘，你打算在工作和生活中如何运用幽默的智慧？

6. 用轻松的幽默制造微笑

幽默，应该成为工作中的一部分。把幽默带入你的服务或销售工作中，可以缩短你与客人之间的距离。无论从事任何职业，我们每个人都应该学会微笑或者利用幽默制造微笑。

生活中并不缺少幽默，缺少的是对幽默的发现和创造。事实上，幽默感也并非与生俱来，它可以在生活中慢慢培养。一旦你拥有了幽默，就会发现自己的人际关系变得宽广，人们也越来越喜欢你。

林肯是美国历史上最受欢迎的总统之一，他就是一个善于用幽默调解矛盾的人。林肯虽出身贫寒，但自学成才，一生经历坎坷，饱受挫折。在接连不断的磨难中，幽默感始终是他独特的人格魅力。他用幽默来化解矛盾冲突，用幽默来改变生活。其实林肯并非天生幽默，相反却是一个极为不苟言笑的人，但他尽最大的努力改变自己的性格。每晚入睡前，他都要看幽默文集，平时还喜欢给别人讲笑话。幽默，成为他舒解压力的最佳药方。

在林肯之前，美国总统的形象一直都是严肃刻板的；而在他之后，幽默成了总统一种能力的象征。

幽默，应该成为工作中的一部分。把幽默带入你的服务或销售工作中，可以缩短你与客人之间的距离，可以迅速降低客人对你的敌意，可以劝解盛怒之中的客人。

世界推销大师原一平天生矮个子，他曾经为自己矮小的身材而苦恼，但后来他想通了，认识到遗传基因是难以改变的，克服矮小的最佳办法就是坦然接受，然后设法将这个缺点转化成为优点。

有一次，原一平的上司高木金次对他说：“体格魁梧的人，看起来相貌堂堂，在访问时较易获得别人的好感；身体矮小的人，在这方面要吃大亏。你、我均属身材矮小的人，我认为必须以表情取胜。”

原一平从这番话中获得很大启发。从那时起，他就以独特的矮身材，配上他经过苦练出来的各种幽默表情和幽默语言，在向客户介绍情况时，经常逗得大家哈哈大笑。如他登门向客户推销人寿保险业务时，经常有以下一些对话：

“您好！我是明治保险的原一平。”

“啊！明治保险公司，你们公司的销售员昨天才来过，我最讨厌保险了，所以他昨天被我拒绝了！”

“是吗？不过，我比昨天那位同事英俊潇洒吧！”原一平一脸正经地说。

“什么？昨天那位仁兄长得瘦瘦高高的，哈哈，比你好看多了。”

“矮个子没坏人，再说辣椒是越小越辣哟！俗话不也说‘人越矮，俏姑娘越爱’吗？这句话可不是我发明的啊！”

“哈哈！你这个人真有意思。”

就这样，原一平与每一个客户交谈后，双方的隔阂就消失了，他给人留下了深刻印象，生意往往就这样做成了。

这位客户也许忘了，原一平就是他以前见到的那个推销员，但原一平并没有说破，原一平想，一定要设法把准客户逗笑，然后自己跟着笑，当两个人同时开怀大笑时，陌生感就会消失，彼此也就能在某一点上进行更进一步的沟通了。

有一天，原一平拜访一位准客户。

“你好，我是明治保险公司的原一平。”

对方端详着名片，过了一会儿，才慢条斯理地抬头说：“几天前曾来过某保险公司的业务员，他还没讲完，我就打发他走了。我是不会投保的，为了不浪费你的时间，我看你还是找其他人吧。”

“真谢谢你的关心，你听完后，如果不满意的话，我当场切腹。无论如何，请你拨点时间给我吧！”

原一平一脸正气地说，对方听了忍不住哈哈大笑起来，说：“你真的要切腹吗？”

“不错，就这样一刀刺下去……”原一平一边回答，一边用手比划着。

“你等着瞧，我非要你切腹不可。”

“来啊，我也害怕切腹，看来我非要用心介绍不可啦。”

讲到这里，原一平的表情突然由“正经”变为“鬼脸”，于是，客户和原一平一起大笑起来。

幽默的人很容易打动客户的心。要知道，你对客户来说是完全陌生的人，开始时并不被他所了解。你在与客户交谈时，应随时展现笑容，对人和蔼可亲，谈吐风趣。适当运用幽默一定会为你和客户之间的谈话锦上添花，这对于你的工作来说将会有很大的帮助。

无论从事任何职业，我们每个人都应该学会微笑或者利用幽默制造微笑。很多人投资大量时间和金钱去学习各种技能，比如英语、计算机等等，而很少有人花一点时间来学习用幽默制造微笑这种技能。而这种不花钱，只要用心就能学会的技能，为我们带来的价值可能是不可估量的。

阅读思考：

1. 从原一平的幽默故事里，你受到了哪些启发？

2. 你是一个善于运用幽默制造微笑的人吗？

3. 你把幽默带入你的工作中去了吗？请结合实际例子谈谈幽默对你的工作有哪些帮助。

第四章 工作再苦再累也要笑一笑

1. 别把工作当苦役
2. 工作再苦再累也要笑一笑
3. 调整心态，笑对挫折和失败
4. 用微笑去面对困难，用智慧去摆脱困境

1. 别把工作当苦役

石油大王洛克菲勒曾在信中告诫儿子：“如果你视工作为一种快乐，人生就是天堂；如果你视工作为一种苦役，人生就是地狱。”这是积极的人生观，相信每个人看了都会从中受益。

在职场中，很多人不是把工作当作享受，而是视工作为苦役。早上一醒来，头脑里想的第一件事就是：痛苦的一天又开始了……磨磨蹭蹭地挪到公司以后，无精打采地开始一天的工作，好不容易熬到下班，立刻就高兴起来，和朋友谈天说地之时总不忘诉说自己的工作有多乏味，有多无聊。如此周而复始。

有一个人，整天对人抱怨自己的工作有多糟糕。

有一次，他又向一位智者诉起苦来：“你知道的，世界上再没有比工作更折磨人的事情了。”接下来自然又是一大堆的抱怨。

“请原谅，”智者打断他的话说，“据我所知，工作可不像您说的那样，它并非是一件苦差使。”

“你在说什么呀？”这位满腹牢骚的先生叫了起来，“工作可不就是件苦差使吗？”

“你错了，”智者静静地看着他，接着说，“工作应该是一种幸福的差使，我们有什么理由把它当做苦役呢？”

“是吗，也许你的工作是那样。”这可怜的人苦笑道，“可是我的工作太枯燥了，我实在感觉不到有什么幸福可言!”

“你又错了，”智者认真地分析说，“其实，问题并不是出在工作上，而是出在我们自己身上。如果你本身不能热情地对待工作的话，那么即使让你做自己喜欢的工作，一个月后你依然觉得它乏味至极。”

那位先生若有所悟，开始静下心来认真思考关于工作态度的问题。

对待工作的态度决定了工作的最终成就，把工作当成苦役的人，最终会在抱怨中让自己变成老板心目中一个多余的人，因为一个不热爱自己工作的人是很难把工作做好的。

石油大王洛克菲勒曾在给儿子的信中说：

我可以很自豪地说，我从未尝过失业的滋味，这并非我运气，而在于我从不把工作视为毫无乐趣的苦役，却能从工作中找到无限的快乐。

我永远也忘不了做我第一份工作——簿记员的经历，那时我虽然每天天刚蒙蒙亮就得去上班，而办公室里点着的鲸油灯又很昏暗，但那份工作从未让我感到枯燥乏味，反而很令我着迷和喜悦，连办公室里的一切繁文缛节都不能让我对它失去热心。而结果是雇主不断地为我加薪。

洛克菲勒在信中告诫儿子：工作是一种态度，它决定了我们快乐与否。同样都是石匠，同样在雕塑石像，如果你问他们：“你在这做什么?”

他们中的一个人可能就会说：“你看到了嘛，我正在凿石头，凿完这块我就可以回家了。”这种人永远视工作为惩罚，在他嘴里最常吐出的一个字就是“累”。

另一个人可能会说：“你看到了嘛，我正在做雕像。这是一份很辛苦的工作，但是酬劳很高。毕竟我有太太和四个孩子，他们需要温饱。”这种人永远视工作为负担，在他嘴里经常吐出来的一句话就是“养家糊口”。

第三个人可能会放下锤子，骄傲地指着石雕说：“你看到了嘛，我正在做一件艺术品。”这种人永远以工作为荣，以工作为乐，在他嘴里最常吐出的一句话是“这个工作很有意义”。

天堂和地狱都由自己建造。如果你赋予工作意义，不论工作大小，你都会感到快乐，自我设定的成绩不论高低，都会使人对工作产生乐趣。如果你不喜欢做的话，任何简单的事都会变得困难、无趣，当你叫喊着这个工作很累人时，即使你不卖力气，你也会感到精疲力竭，反之就大不相同。事情就是这样。

洛克菲勒在信末告诫儿子：“如果你视工作为一种快乐，人生就是天堂；如果你视工作为一种苦役，人生就是地狱。”

哈佛大学商学院丹尼斯·辛莱克教授对500家公司做过一个调查，结果显示：有80%的员工视工作为苦役，而且迫不及待地想要摆脱工作的桎梏，有意思的是，这些员工绝大多数都是低薪族。

现实中，把工作看作是做苦役一样痛苦，对于又苦又累的活满腹牢骚，整天抱怨不停，持有这种观念的人是永远无法体会到工作的快乐的。如果我们能换一种眼光看待工作，将工作看作是为自己提供学习机会的舞台，那么不管是多么苦的工作

你也不会觉得那是一种“折磨”和“摧残”了。

不将工作看作是一种苦役，是许多成功者迈向成功的共同点。世界上一切有成就的人都是乐在工作的人，知道如何享受工作的人，才能从工作中找到生存的意义和生命价值。

微软公司董事长比尔·盖茨说：“如果只把工作当作一件苦差事，或者只将目光停留在工作本身，那么即使是从事你最喜欢的工作，你依然无法持久地抱有对工作的热情。”可以说，不将工作看作是一种苦役，而是看作增添生命味道的盐，是一个人成就大事业、建立大功勋的基石。

阅读思考：

1. 洛克菲勒在给儿子的信中提到过三种人，扪心自问一下自己属于哪种人？

2. 你是把工作当作享受，还是把工作当作苦役？

3. 你抱怨过工作的苦和累吗？

2. 工作再苦再累也要笑一笑

工作，对于我们来说是一种光荣的使命。对于每一个人来说，工作再苦再累也要笑一笑。快乐地工作、快乐地生活，才是成功的人生！

“吃不了苦”是时下年轻人的一种通病，他们总是对目前的工作感到不满，总想找一个既轻松又能赚大钱的工作。结果往往是好机会没有降临，宝贵的年华却虚度了。

现在，有一个最让企业头痛的问题是：新招来的员工，没有一点吃苦耐劳的精神，有些人在企业里干几天，甚至干几小时就辞职走人，没有坚定的意志。

一个知名企业家说：“一个优秀员工要有吃苦耐劳的精神。现在有些青年员工，刚到企业里来工作时决心很大，可到最后总有一部分人被淘汰，一部分人成为岗位操作能手。为什么？关键是被淘汰的这部分人缺乏一种吃苦的精神。工作确实很辛苦，但美好的生活是靠我们用双手劳动去争取的。”

吃苦耐劳是一个员工应该具备的基本素质，也是员工完成其本职工作的需要。要克服怕苦怕累心理，要在思想上认识到吃苦是一个人最基本的能力，不能吃苦就不会有事业的成功。

正确认识和看待“吃苦”精神，把“吃苦”精神落实到行动中，是一个员工所必须具备的品格。一个员工要养成“自觉

吃苦”的精神。所谓“自觉吃苦”，一是要有吃苦的思想准备，深谙“宝剑锋从磨砺出，梅花香自苦寒来”的道理，把吃苦当做磨练自己的“磨刀石”，自觉投身于艰苦的生活和工作中，在磨砺中积累吃苦的精神财富。二是要自觉地找苦吃。要挑艰苦的工作去做，并有意识地与苦为伍，敢于与艰苦的环境和困难较量。三是要以苦为荣，以苦为乐。一个以吃苦为荣为乐的人，才能始终保持坚定乐观的态度，才能克服前进道路上的任何困难。

工作，对于我们来说是一种光荣的使命，以饱满的激情去完成它，再苦再累，微笑面对也将会乐在其中。哲学家苏格拉底说:“决定自己心情的，不在于环境，而在于心境。”

对于每一个人来说，工作再苦再累也要笑一笑，快乐地工作、快乐地生活，才是成功的人生！

被评为2005年“感动中国”十大人物之一的邮路投递员王顺友，就是一位苦中有乐、笑对人生的邮政工作者。

王顺友是四川省凉山彝族自治州木里藏族自治县马班邮路乡邮员。马班邮路在正式文字中被定义为“用马驮着邮件按班投送的邮路”。在21世纪的中国邮政史上，这种原始古老的通邮方式堪称“绝唱”，而在木里人的眼里，这却是他们唯一的选择。

木里藏族自治县位于四川省西南部，紧接青藏高原。这里群山环抱，地广人稀，平均每平方公里的地面上只有9个半人。全县29个乡镇有28个乡镇不通公路、不通电话，以马驮人送为手段的邮路是当地乡政府和百姓与外界保持联系的唯一途径。

全县除县城外，15条邮路全部是马班邮路，而且绝大部分在海拔4000米以上的高山。

作为一个乡邮员，他的任务是把邮件准确无误地送到目的地。不管采取什么方式，不管有多大困难，一切只有靠自己去想办法。按时完成邮递任务就是他的职责和使命。

由于投递线路长，一个班期要走14天，一个月要走两班，一年365天，王顺友有330天走在邮路上。他先要翻越海拔5000米、一年中有6个月冰雪覆盖的察尔瓦山，接着又要走进海拔1000米、气温高达40摄氏度的雅砻江河谷，中途还要穿越大大小小的原始森林和山峰沟梁。他这样描述自己的生活：冬天一身雪，夏天一身泥，饿了吞几口糌粑面，渴了喝几口山泉水或啃几口冰块，晚上蜷缩在山洞里、大树下或草丛中与马相伴而眠，如果赶上下雨，就得裹着雨衣在雨水中躺一夜。同时，他还要随时准备迎接各种突来的自然灾害。

有一次，他走到一个叫白杨坪的地方，下起了暴雨，路被冲毁了，马一脚踩滑跌向悬崖间，他想伸手去拉，也掉了下去，幸亏双双被一棵大树挡住。他摔得头破血流，眼睛和半边脸肿得没了形。当时他真想大哭一场，盼望着有个人来帮一下多好啊！可是除了马、邮件，什么都没有。

如果仅仅是为了一个饭碗，王顺友在这条马班邮路上或许早就坚持不住了。让他最终坚持下来的，是这条邮路传达给他的一种神圣的职业使命。

“每次我把报纸和邮件交给乡亲们，他们那种高兴劲就像过年。他们经常热情地留我住宿，留我吃饭，把我当成共产党的大干部。这时，我心里真有一种特别幸福的感觉，觉得自己是一个少不得的人！”这是王顺友最初感受到的乡邮员工作的价值。

白碉乡乡长王德荣曾对他说过这样的话：“你的工作虽然不是惊天动地，但白碉乡离不开你。因为你是我们乡唯一对外的联络员，是党和政府的代表。藏民们有一个月看不见你来，他们就会说：‘党和政府不管我们了。’你来了，他们就觉得党和政府一直在关心着他们！”这话让王顺友心里滚烫。

一次，王顺友把邮件送到倮波乡政府，就在他牵着马掉头的时候，看见乡干部正翻阅着报纸说：“西部大开发太好了，这下子木里的发展要加快了！”一时间，王顺友高兴得像是喝了蜜，因为乡干部看的报纸是他送来的，这薄薄的一张报纸竟有这么重的分量?！他越来越觉得乡邮员工作了不起，肩负的是一种特殊的使命。

王顺友视邮件为生命，忠实地履行着一个乡邮员的职业使命。邮路上的每一天，王顺友都像保护命根子一样保护着邮件，白天邮包不离身，晚上邮包当枕头，下雨下雪，他宁肯自己淋个透，也要把邮包裹得严严实实。

1988 年 7 月的一天，王顺友往倮波乡送邮件，来到雅砻江边，当时江面上还没有桥，只有一条溜索。他像往常一样先把马寄养在江边一户人家，然后自己背上邮包，把绳索捆在腰上，搭上滑钩，向雅砻江对面滑去。快滑到对岸时，突然他身上挂在索道上的绳子断裂了，他大叫一声，从两米多高的空中狠狠地摔下去，万幸，落在了沙滩上，但邮包却被甩进江里，顺水漂去。王顺友疯了一般，不识水性的他抓起一根树枝就跳进了齐腰身的江水中，拼命地打捞邮包，等他手忙脚乱地把邮包拖上岸后，人一下子瘫倒了。岸上有人看到这惊险的一幕，连说他傻，为了一个邮包，命都不要了。他说："邮包比我的命金贵，因为那里面装的都是政府和乡亲的事！"

1995年的一个秋天，王顺友牵着马走过雅砻江上刚刚修建起的吊桥，来到了一个叫"九十九道拐"的地方。这条由马帮踩出的羊肠小道陡峭地盘旋在悬崖峭壁之间，走在这条路上，马的粪便可以直接落在后面的马和人身上，跟在后面的人只能看到前面马的尾巴，路的下面便是波涛汹涌的江水，稍有不慎，就会连人带马摔下悬崖，掉入江中。

王顺友小心翼翼地跟在驮着邮件的马后边，一步一步地向前迈，眼看就要走出"九十九道拐"了。突然，一只山鸡飞出来，吓得马一个劲地乱踢乱跳，他急忙上前想拉住缰绳，谁知刚一接近，受惊的马抬起后脚便朝他蹬来，正蹬中他的肚子，一阵剧疼之后他倒在了地上，头上的汗水大颗大颗地往下落。

过了很久，受惊的马终于安静下来，它回头看着主人痛苦的样子，眼神变得悲哀而凄婉，用嘴一下一下不停地蹭着王顺友的脸。王顺友流泪了，他抬起手向马做了一个手势，告诉它不要难过，他不怪它。他忍着疼痛慢慢地站起来，牵上自己的伴儿，继续上路了。一路上疼痛不断加剧，他走走停停，停停走走，实在挺不住了，就倒在地上躺一会儿，就这样，坚持把这班邮件全部送完。

九天以后，他回到木里县城，肚子已经疼得受不了。邻居用拖拉机把他拉到了医院，医生检查后大吃一惊：大肠已被踢伤，由于耽搁时间太久，发生严重的肠粘连。医生说，再晚些时间，命就没了。经医院全力抢救，王顺友总算保住了一条命，但他的大肠从此短了一截，留下终身残疾，肚子经常作痛。

就这样，在恶劣的自然环境和艰苦的工作条件下，在马铃孤寂的叮当声中，王顺友经历了一次又一次生与死的考验，以超乎常人的坚韧，日复一日，年复一年，在漫长的马班邮路上，孤独跋涉了20年，行程26万多公里，相当于走了21个二万五千里长征，围绕地球转了6圈！

把政府的声音传到一个个偏僻的山村，把远方亲人的问候送到大山里的千家万户，把致富的种子撒在木里的土地上。他在异常艰苦的条件下，牢记自己的使命和职责，20多年如一日，忠诚地履行着一个邮政工作者的职责，从没有延误过一个班期，从没有丢失过一份邮件，投递准确率达100%。

有记者采访王顺友。

记者："马班邮路的艰苦，工作之前你知道吗？"

王顺友："20岁以前，我不知道什么是苦，整天过得无忧无虑。工作时，也晓得这是个苦活路，但没想到会这么苦。"

记者："都苦在哪儿？"

王顺友："暴雨、泥石流、山蚂蟥、狼、熊，等等，这些都是乡邮员的"死对头"。下雨天，人只能睡在雨地里，两片塑料布搭的帐篷根本不顶事。碰上山蚂蟥爬到身上，不吸饱你的血，它是舍不得出来的（撸起裤子，腿上尽是山蚂蟥吸血留下的肿块）。不小心，再撞上熊、狼之类的，那就更倒霉了，弄不好会有生命危险。再就是一身的职业病，我有胃病、头痛病、风湿病，病多得很。”

记者：“邮路上最大的敌人是什么？”

王顺友：“当然还是寂寞！一个人在山上，经常好几天连个人影都见不着。人不能老不说话呀！憋死人了！白天还好点，可以看看风景、听听鸟鸣。一到晚上，什么声音都没有，像死一样的安静，非常恐怖。”

记者：“你用什么方式排遣呢？”

王顺友：“在山上，白天我最好的娱乐方式就是自己编山歌、唱山歌。我编的山歌可多了，而且是现编现唱，什么都能编、什么都能唱。给你来一段吧！‘山又高来路又险，翻了一坡又一坡，哪个喜欢天天走？因为人民需要我。今年老王四十岁，牵着马儿翻山坡。为人民服务不算苦，再苦再累都快活！’”

记者：“是够苦的，邮路上就没有一点快乐？”

王顺友：“当然也有的。刚才说的唱山歌算一个。更主要的是，当看到那些收到邮件、口信的老乡们高兴的样子、激动的样子，我心里就美滋滋的，就觉得咱再苦、再累，值得！”

王顺友是一面镜子，在他身上，我们读懂了什么叫乐观向上。20年来，王顺友重复着单一枯燥的邮递工作，面对寂寞，面对孤独，面对危险，却始终保持着一种豁达乐观的积极心态。孤独时他只能与马交谈；寂寞时他自编山歌，边走边唱自我欣赏……这种以苦为乐、苦中求乐、笑对困难、笑面人生的人生态度，使他对工作始终保有奋发的热情，对生活始终充满美好

的希望，也使他从容地战胜困难、通过考验。

劳累这个字眼，许多人对之持有偏见，总是愿把它与痛苦相提并论，但有的人却把它与快乐合璧！

工作是让人苦、让人累的，但牛顿却说："工作是使人获得快乐的最好方法。"

每份工作都有它的苦与乐，关键是自己怎么去对待，乐观地对待，苦尽总会甘来的。我们要坚信，苦是乐的本，乐是苦的果，没有艰苦的付出，就没有收获的快乐。

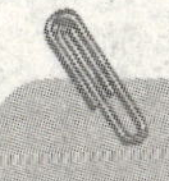

阅读思考：

1. 读了王顺友的故事，在感动之余，你还收获了什么？

2. 你是一个怕苦怕累的人吗？想一想，如果怕苦怕累，你会收获什么？

3. 调整心态，笑对挫折和失败

遭遇挫折失败时，我们应该用微笑去面对它，战胜它！世界成功学大师安东尼·罗宾说：“笑对挫折和失败，它最终也将会向你露出微笑。”

世界成功学大师安东尼·罗宾说：“笑对挫折和失败，它最终也将会向你露出微笑。”

一个人在职场中打拼，不可能一帆风顺，事事遂心，难免会遭受挫折、不幸，甚至于失败。

比如，你的想法得不到上司的支持，公司里的人阻挠你的工作，当你试图主动提案时，总遭到失败等等。这些，都是每个在职场上奋斗的人几乎都经历过的挫折，是很难避免的。

由于很多人心理素质薄弱，意志力较差，经不起一点点的失败。在工作时，遇到挫折，就对自己失去了信心，认为自己不行，一天到晚愁眉不展，怨天尤人，根本无法振作精神，即使有好机会使问题出现转机，也被这拉长的苦脸吓跑了。如果你这样一直消沉下去，到最后就会对自己越来越没信心，越来越失望。最后自己也认为自己一无是处了，甚至破罐子破摔，自暴自弃。

有一篇名为《招聘》的微型小说：

美国的一家公司要招聘十名职员，经过一段时间严格的面试、笔试，公司从300多名应聘者中选出十位佼佼者。

发榜这天，一个叫汤姆的青年见榜上没有自己的名字，悲愤欲绝，回到家中便要悬梁自尽，幸好亲人及时发现，汤姆没有死成。

正当汤姆悲伤之时，从公司却传来好消息：汤姆的成绩原来是名列前茅的，只是由于计算机的错误，导致了汤姆的落选。

正当汤姆一家人大喜过望之时，从公司却又传来消息：汤姆被公司除了名。原因很简单，公司的老板认为："如此小的挫折都经受不了，这样的人在公司里是干不成什么大事的。"

这则小品告诉我们：一个人面对压力和挫折，悲痛欲绝，痛不欲生，结果只能带来更大的不幸和悲哀。只有微笑着处理压力和挫折的人，才有可能强大起来。

检验一个人，最好是在他失败的时候。看失败能否唤起他更多的勇气；看失败能否使他发挥出更大的努力；看失败能否使他发现新力量，挖掘潜在力。失败了以后，看他是否决心加倍的坚强还是就此心灰意冷。

在挫折和失败面前，我们必须有这样的心态：惭愧而不气馁，内疚而不失望，自责而不伤感，悔恨而不丧志。在失败中踩出一条新路，才有希望摘取成功的桂冠。

美国前总统阿伯拉罕·林肯的人生历程充满传奇，一生跌宕起伏，遇到无数次的挫折与失败：

1832 年，林肯失业了，这显然使他很伤心，但他下决心要当政治家，当州议员。糟糕的是，他竞选失败了。在一年里遭受两次打击，这对他来说无疑是痛苦的。

接着，林肯着手自己开办企业，可一年不到，这家企业又倒闭了。在以后的17年间，他不得不为偿还企业倒闭时所欠的债务而到处奔波，历尽磨难。

随后，林肯再一次决定参加竞选州议员，这次他成功了。他内心萌发了一丝希望，认为自己的生活有了转机：“可能我可以成功了！”

1835年，他订婚了。但离结婚还差几个月的时候，未婚妻不幸去世。这对他精神上的打击实在太大了，他心力交瘁，数月卧床不起。

1836年，他得了神经衰弱症。

1838年，林肯觉得身体状况良好，于是决定竞选州议会议长，可他失败了。

1843年，他又参加竞选美国国会议员，但这次仍然没有成功。

林肯虽然一次次地尝试，但却是一次次地遭受失败：企业倒闭、情人去世、竞选败北。要是你碰到这一切，你会不会放弃——放弃这些对你来说是重要的事情？

林肯没有放弃，他也没有说：“要是失败会怎样？”

1846年，他又一次参加竞选国会议员，最后终于当选了。

两年任期很快过去了，他决定要争取连任。他认为自己作为国会议员表现是出色的，相信选民会继续选举他。但结果很遗憾，他落选了。

因为这次竞选他赔了一大笔钱，林肯申请当本州的土地官员。但州政府把他的申请退了回来，上面指出：“做本州的土地官员要求有卓越的才能和超常的智力，你的申请未能满足这些要求。”

接连又是两次失败。在这种情况下你会坚持继续努力吗？你会不会说“我失败了”？

然而，林肯没有服输。

1854 年，他竞选参议员，但失败了。

1856 年，他竞选美国副总统提名，结果被对手击败。

又过了两年，他再一次竞选参议员，还是失败了。

林肯尝试了 11 次，可只成功了 2 次，他一直没有放弃自己的追求，他一直在做自己生活的主宰。1860 年，他当选为美国总统。

正是林肯的坚韧，止是他那种笑对挫折和失败的精神让他屡败屡战，最终登上总统的宝座，而受到美国人民的爱戴。

如果我们每个人都像林肯那样坚强勇敢地面对失败，那我们每一个人都是成功者。所以，在上帝把挫折摆在人生中时，也注定了只有那些笑对失败的人，才会是最后的成功者。

微笑是一粒种子，它在坚韧中发芽，在宽厚中成长。当我们遭受这样或那样的挫折和失败时，与其独自品尝失败的滋味，不如用微笑迎接生活的打击。失败、挫折、打击、困难……都是命运的恩赐。人生遭受的磨难越多，获得成功的机会也越多。

泰国商人施利华，是商界拥有亿万资产的风云人物。1997 年的一次金融危机使他破产了，面对失败，他只说了一句：“好哇！又可以从头再来了！”他从容地走进街头小贩的行列叫卖三明治。一年后，他东山再起。微笑地面对挫折和失败，使他获得了重生。

在职场上，有些人不能正视失败和挫折，在心理上产生畏惧情绪，经受不了失败的打击，这无疑会给同事或者上司传达一种懦弱、无能的信号，这样的话，领导也不会将重担交给你了。而一个不能担当重任、害怕失败的人，怎么能在职场上取得成功呢?

作为一个员工，谁又没有失败的时候呢？关键就看你如何面对。对待事业上的暂时不顺或失败，只有那些直面困难、百折不挠、锐意进取的人，才有可能东山再起、成就辉煌。

挫折和失败是正常的，成功是战胜失败而来的。我们遇到挫折和失败时，微笑是成功的起点。

当你的提案遭到上司否定时，你可以检视自己哪一方面存在问题，以后有想法时，先与上司讨论是否可行，然后正式拿出企划提案，以免徒劳无功；当你的工作得不到上司的支持时，你要想到这一点，能让上司支持你想做的一切，是少之又少的，只有不断地通过行动证明自己，才能取得上司的支持；当同事对你的错误提出反对和怀疑时，你应该从错误中学习，将他们的建议列入工作计划中，将他们的忧虑尽量减至最少；当你感觉技能不够工作很吃力时，你要自己想办法去培养，只有自己准备好，你才能承担更多的责任与挑战。

调整心态，以一颗忠诚、上进的心去面对工作中的挫折和失败，敢于以旺盛的精神去挑战失败，能够正确地面对失败并且战胜失败的人，才是职场里的大赢家。

挫折和失败对每个人来说都是一种挑战也是一种考验。英国哲学家培根说过：“超越自然的奇迹多是在对逆境的征服中出现的。”

其实，遭受挫折和失败并不可怕，关键是用积极的心态去自我调节，从消极的挫折心理中得以解脱。

第一，遇到挫折时应进行冷静分析，从客观、主观、目标、环境、条件等方面，找出受挫的原因，采取有效的补救措施。

第二，要有一个辩证的挫折观，经常保持自信和乐观的态度。要认识到正是挫折和教训才使我们变得聪明和成熟，正是失败本身才最终造就了成功。

第三，向他人倾诉你心中的不快，改变内心的压抑状态。

第四，学会自我宽慰，能容忍挫折，要心怀坦荡，情绪乐观，发愤图强，满怀信心去争取成功。

第五，原先的预期目标受挫，可以改用别的途径达到目标，或者改换新的目标，获得新的胜利，即“失之东隅，收之桑榆”。这是人的一种心理防卫机制。

第六，应善于化压力为动力，从逆境中奋起。

阅读思考：

1. 汤姆的故事让我们得到了什么样的启示？

2. 你能像林肯那样微笑着面对无数次的挫折和失败吗？

3. 在挫折和失败面前，你会选择哪种态度？是微笑面对，还是就此心灰意冷？

4. 用微笑去面对困难，用智慧去摆脱困境

在工作中，我们不可能一切都是一帆风顺的，总会遇到这样或那样的问题和困难。对此，我们首先应该保持一种淡定、从容的心态，微笑着去面对，用智慧去解决。

很多时候，战胜和解决困难最有力的武器是什么？不是金钱，不是地位，更不是名誉，而是我们很容易做到，却往往被我们忽视的微笑。

在工作中，我们不可能一切都是一帆风顺的，总会遇到这样或那样的问题和困难。对此，我们首先应该保持一种淡定、从容的心态，微笑着去面对，用智慧去解决。

微笑是自信的象征。当你遇到困难时，微笑会给你战胜困难的信心、勇气和力量。有的人即使在遇到严重困难时，也仍然能够微笑，好像若无其事。这种微笑充满着自信和力量，就像有一种超凡的魔力。它像阳光一样，可以驱散阴云，把许多人的沮丧、阴郁、恐惧、苦恼情绪一扫而光，有利于困难的解决。

一家小型企业在整个经济大环境不景气的情况下，困难重重，已经到了濒于破产的边缘。背负巨额债务，许多债权人威胁着要打官司，甚至有的已告上民事法庭。

这位企业家以为一切都完了，意志消沉，萎靡不振，他惧

怕上班，甚至惧怕公司里的电话铃声，他只想躲起来，远离这一切。

有一天，在报摊上随便翻看着，一则消息引起了他的注意。报上刊登了一则企业家购买破产企业重振旗鼓，获得成功的故事。

“他能做到的，我为什么不能做到呢？”企业家的心里重新点燃了成功的渴望。他开始重新思考拯救企业的一切可能的方法。

第二天，他早早去了公司，召集全体部门负责人商讨对策。他要来了所有债权人的电话，开始给他们打电话：

“请你再宽延一些时间，我们正在想办法，我们决不会不讲信誉……”他用真诚的态度去打动对方。

“你有新的资金？”

“你有了一大笔订单？”

“没有，但是我有了更加重要的东西：那就是重新振作的勇气和信心”。

真诚的恳求使债权人终于改变了态度，甚至有人实实在在开始帮他。

最终的结果可想而知。一切债务顺利还清，大笔的订单纷至沓来，企业起死回生了。

积极的心态、坚定的信心，是战胜困难的重要力量。境由心造，事在人为，多一份信心，就多一份动力，就多一些解决困难的办法。

微笑面对困难是强者的作风。因为在微笑时，在心平气和的状态中，能想出许多解决困难的办法，将生活中一个个“拦路虎”清除掉，把坎坷的小径踩成平坦的大道。

最大的成功蕴藏在最大的困难之中。超越困难的天堑，你就会找到进入成功的大门。美国著名将军巴顿说：“困难像弹簧，你弱它就强，逃避困难的人，永远是弱者；用微笑去面对困难战胜困难的人，将永远是强者。”

当企业遭遇困难的时候，我们需要的是坚定的信念，敢于面对困难，敢于迎接挑战，为企业渡过难关而贡献自己的一份力量。

成功的人，必是重视找办法的人。在他们的世界里，不存在困难这样的字眼，他们相信凡事必有方法去解决，而且能够解决得最完美。事实也一再证明，看似极其困难的事情，只要用心去寻找方法，必定能有所突破。

20世纪70年代中期，日本的索尼彩电在日本已经很有名气了，但是在美国它却不被客户所接受，因而索尼在美国市场的销售相当惨淡，索尼公司领导层对此束手无策。

原来在那个时候，在美国人看来，日本货就是劣质产品的代名词。因此，被索尼公司派到美国的负责人，都一个个铩羽而归了。

此时，卯木肇担任了索尼国际部部长。上任不久，他主动请求去美国的芝加哥，替公司解决难题，拓展市场，让公司走出困境。

当卯木肇风尘仆仆地来到芝加哥时，令他吃惊不已的是，索尼彩电竟然在当地的寄卖商店里布满了灰尘，无人问津。

如何才能改变人们这种既成的印象，改变销售的现状呢？卯木肇陷入了沉思……

一天，他驾车去郊外散心，在归来的路上，他注意到一个牧童正赶着一头大公牛进牛栏，而公牛的脖子上系着一个铃铛，在夕阳的余晖下叮当叮当地响着，后面是一大群牛跟在这头公牛的屁股后面，温顺地鱼贯而入……

此情此景令卯木肇一下子茅塞顿开，他一路上吹着口哨，心情格外开朗，想想一群庞然大物居然被一个小孩儿管得服服帖帖的，为什么？还不是因为牧童牵着一头带头牛。索尼要是能在芝加哥找到这样一只“带头牛”商店来率先销售，岂不是很快就能打开局面？卯木肇为自己找到了打开美国市场的钥匙而兴奋不已。

马歇尔公司是芝加哥市最大的一家电器零售商，卯木肇最先想到了它。为了尽快见到马歇尔公司的总经理，卯木肇第二天很早就去求见，但他递进去的名片却被退了回来，理由是经理不在。第三天，他特意选了一个估计经理比较闲的时间去求见，但回答却是“外出了”。他第三次登门，经理终于被他的诚心所感动，接见了他，但却拒绝卖索尼的产品。经理认为索尼的产品降价拍卖，形象太差。卯木肇非常恭敬地听着经理的意见，并一再表示要立即着手改变商品形象。

回去后，卯木肇立即从寄卖店取回货品，取消削价销售，在当地报纸上重新刊登大面积的广告，重塑索尼形象。

做完这一切后，卯木肇再次叩响了马歇尔公司经理的门，可听到的却是索尼的售后服务太差，无法销售。卯木肇立即成立索尼特约维修部，全面负责产品的售后服务工作；重新刊登广告，并附上特约维修部的电话和地址，注明24小时为客户服务。

尽管屡次遭到拒绝，卯木肇还是痴心不改。他规定他的每个员工每天拨五次电话，向马歇尔公司询购索尼彩电。马歇尔公司被接二连三的电话搞得晕头转向，以致员工误将索尼彩电列入“待交货名单”。这令经理大为恼火，这一次他主动召见了卯木肇，一见面就大骂卯木肇扰乱了公司的正常工作秩序。卯木肇笑逐颜开，等经理发完火之后，他才晓之以理、动之以情地对经理说：“我几次来见您，一方面是为本公司的利益，但同时也是为了贵公司的利益。在日本国内最畅销的索尼彩电，一定会成为马歇尔公司的摇钱树。”

卯木肇每次说话，都站在经理的立场上，处处为马歇尔公司着想，合情合理，终于使这位经理动心了，同意代销两台试试；但他提出的条件十分苛刻：如果一周之内卖不出去，请搬回去。

卯木肇先生满怀信心，回公司后从速选派两名年轻英俊的销售员，送两台彩电去马歇尔公司，并告诉他们：这两台彩电是百万美金订货的开始，一定要留在柜台上，与马歇尔公司店员并肩推销。他还要求他们与店员搞好关系，休息时轮流请店员到附近咖啡馆喝咖啡。如果一周之内这两台产品卖不出去，他们就不要再返回公司了……

两人果然不负众望，当天下午四点钟，就送来了好消息。马歇尔公司又追加了两台。至此，索尼彩电终于挤进了芝加哥

的“带头牛”商店。随后，进入家电的销售旺季，短短一个月内，竟卖出700多台。索尼和马歇尔从中获得了双赢。

有了马歇尔这只“带头牛”开路，芝加哥的100多家商店都对索尼彩电群起而销之，不出三年，索尼彩电在芝加哥的市场占有率达到了30%。

由于有芝加哥以及马歇尔公司这样的“带头牛”，索尼产品在美国的其他城市陆续打开了局面。

卯木肇在公司困难的时候，不畏惧，不退缩，不找借口，满怀信心和希望，所以他取得了事业的成功，铸就了灿烂的人生。

在英文里有句话，是说上帝每制造一个困难，就会同时制造三个解决它的方法。所以，世上只要有困难，就会有解决的方法，而且“方法永远比困难多”，只是你暂时没有找到合适的方法而已。

日本的“固代耐火”壁砖公司是一家传统建材生产厂家，该公司的主流产品是一种便宜的灰色壁砖。1967年，日本经济开始不景气，建筑行业首当其冲，许多工程纷纷下马。因工程稀少，对于单纯作为筑墙用品的壁砖的需求大幅度下降，公司的订单几乎终止。

此时，公司从老板到员工，上上下下深深体会到在劫难逃。但销售经理却不愿就此放弃，他依然激情满怀，千方百计地寻找让公司在困境中生存的办法。在近乎绝望之际，他忽然想起加拿大传播学者迈克鲁汉的一句话：“马虽然在骑乘上失去了价值，却又成了娱乐的新宠儿。”

于是，他想道：以往壁砖只能作为筑墙用的建筑材料，看来这种观念已经落后了，现在它应该成为娱乐和时髦的象征。

在此启发下，公司动员技术员开发了一种具有多种多样颜色的艳丽的壁砖。这种壁砖立刻吸引了许多人，使它成了热门产品，风靡全日本。

微笑可以使一切困难迎刃而解，微笑是激励人走向成功的一种力量。当困难来临时，用微笑去面对困难，用智慧去解决困境。比如，工作中遇到了难题，笑一笑，不用怕，动脑筋想想办法，一定可以解决。要知道，办法是人想出来的。

微笑可以让你战胜困难。在困难面前，我们需要微笑，我们相信，我们可以战胜困难，因为困难永远不会是自己的敌人，自己的敌人唯有自己。如果你可以控制自己，笑对一切，那么你必将会乘风破浪，达到理想的彼岸。

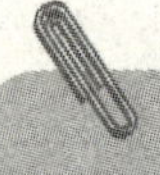

阅读思考：

1. 当困难来临时，你将如何面对？是低头哭泣，还是仰头微笑？

2. 如果你是文中的企业家，你有信心让你的企业起死回生吗？

3. 看了卯木肇的故事，你受到了哪些启发？

4. 为什么说“微笑是战胜困难的最有效的武器”？请谈谈你的理解和认识。

第五章 别把坏情绪带到工作中

1. 不要把坏情绪带到工作中
2. 控制情绪，无论何时何地
3. 培养自制力，用理智驾驭情绪
4. 控制自己的情绪，将怒气转化为工作动力

1. 不要把坏情绪带到工作中

把积极的情绪带到公司，可以让大家分享你的快乐。把消极情绪带到工作中，就会在工作处理上有误差，也会让同事慢慢疏远你，还容易引起误解和激化矛盾。无论你遇到什么不如意的事，都不要把情绪带到工作中去。

工作上的成功，在很大程度上依赖于情绪的控制和严格的自律。一个人如果不会驾驭自己的情绪，总带着情绪去工作，就不可能经营好自己的工作。

李欣是一家商店的售货员，每天都乘地铁上班，这天早晨地铁很挤，出了地铁后，她发现自己精致漂亮的小坤包被小偷用刀片划破了。虽然钱包和手机这些贵重物品没有被偷，但她的小坤包本身就价值不菲。心爱的坤包被划破，她心情很糟。

因为心情不好，上班时迟到了几分钟，没想到被小组组长批评了一顿，李欣的心里更是恼火。这时有位顾客走到她面前，要求看看帽子。李欣装作没听见，置之不理。顾客又接连说了几遍。李欣愈发不耐烦，没好气地大声嚷道："喊什么喊！不就是看帽子吗?"顾客听后非常生气，直接反映到商店老板那里。结果，李欣不仅受到老板的严厉批评，还被扣了当月的工资。

不要把个人的情绪作为工作的主旋律，一遇到不顺心的事就挂在嘴边，表现在脸上。背着“情绪包袱”工作，你就会进入沮丧—出错—倒霉的恶性循环的怪圈。因为，带着情绪工作，往往会导致工作失误，工作失误会给公司带来利益损失，公司的利益受到损失老板就会追究责任，追究的结果自然是出现工作失误的你，将受批评、被处分，甚至被老板解雇。

小赵是一家公司的销售员，来公司两年了，业绩却总是提不上来。小赵为此非常苦恼，尤其每逢周末业绩考评时，是他情绪最坏的时刻。

周六，他应约去一家商场谈生意，这家商场是公司的老客户。到了经理室时，经理显得特别高兴，热情地招呼小赵坐下，兴致勃勃地说：“告诉你，我们在西区的商场大楼下周就要开张营业了！”

结果，小赵只是点了一下头，面无表情地说：“嗯，您看下个月的订货是多少？”

见经理没说话，小赵接着又追问了一下：“您看下个月的订货要……”

想不到经理“刷”地变了脸色，没等小赵把话说完，就直截了当地说：“下个月的货不订了！”

小赵又问：“那以后呢？”

经理干脆地说：“以后你别来了！”

小赵忽地站了起来，双眼怒视经理，说：“你不要我来，我还不稀罕呢！别以为你们有点钱，我就会天天围着你们转，你别指望以后我会再来！”说完，一摔门就离开了。

没过多久，小赵就被公司解雇了。

上面的案例中，销售员小赵因为不能很好地控制自己的情绪，错失了一个成交的最佳机会，也让公司丢掉了一个大客户。小赵之所以业绩一直提不上去，与他容易冲动的情绪是分不开的。

情绪是人对外界的一种正常心理反应，有消极和积极之分。将坏情绪带进工作场所或办公室，就好比给自己的工作带上了有色眼镜。你有过这样的感受吗？只要遇到一件倒霉事，一系列的倒霉事都会接踵而至……情绪不好的时候看什么都不好，都会挑出毛病；情绪好的时候，工作起来就会很放松，还可以感染同事快乐地工作。

把积极的情绪带到公司，可以让大家分享你的快乐。把消极情绪带到工作中，就会在工作处理上有误差，也会让同事慢慢疏远你，还容易引起误解和激化矛盾。

生活中，情绪无处不在，有时候，无法避免地把一些情绪带入了工作。焦虑、浮躁、嫉妒、倦怠等。怎么才能克服这些情绪，让它别影响自己的工作呢？

虽然我们的情绪和性格有很大的关系，但并不是不可改变的，只要我们常常提醒自己去注意克制，就完全可能让自己远离情绪的漩涡，保持良好的心态，从而得当地处理好办公室里的事务和人际关系。有一篇文章提供了以下控制或消除坏情绪的诸多办法，这些方法是比较有效的。

不要带着情绪的尾巴去上班。我们观察一下身边的上班人，不难看到有些人一上班就情绪不佳，要么稍不留神就发脾气，要么做事时老是出差错。他们可能在家时与配偶发生争执，或是在上班途中遇到了不顺心的事，但不论出于哪一种原因，如果经常这样，就会给自己带来很多负面的影响。谁会把重任交给一个情绪无常的人？所以，无论我们在自己的生活中碰上了什么不如意的事，即使是突发不测，也不要把情绪带到办公室里去，而要将它弃置于门外，及时调整好自己的心态，进入正常的工作状态，做好自己的本职工作。

学会冷却自己的情绪。假如你上班时意识到自己情绪不好，就要宣泄甚至是要爆发出来时，一定要告诫自己千万不可失控，而要想法子冷却自己的情绪。即使是遇到令人生气的事，也不要让自己当场发作，切勿向对方大发脾气。在这些情况下，不妨用这么几种方式：比如，命令自己脸上挂着微笑，因为笑脸可以将你的情绪隐藏起来，或者上洗手间或其他地方转一圈，待理智占上风，能冷却自己的情绪时再返回。假如你没有这份涵养，或者是走不开，那就强迫自己坐下来，喝一杯水，也能起到控制情绪的作用。

从积极思考的角度去看待问题。大凡我们有情绪，是因为觉得自己受了委屈或是被伤害，认为错在他人，所以要把怒气和怨气发泄出来。我们是不是能变换一下角度，从比较有益的方面去想问题。比如，碰上对方是性格暴躁、不明事理的人，你不妨心里想，对方常常如此，整天让自己生活在不愉快之中，是多么不幸，那你难道还像他（她）一样闹情绪吗？若是遇上了不公平的事，你是否想一想能不能以妥当的方式去寻求问题的解决？有些一时失去的固然让人可惜，但你通过其他途径也许会得到更多的东西。俗话说“条条道路通罗马”，要相信任何问题总能找到解决的办法，只不过要看时机。一旦从积极的角度去思考你所遇上的事情，你就会使自己重新振作起来，也变得富有同情心，而这正是处理好职场人际关系，做好工作的良好基础。

把焦点集中在解决问题的办法上。一旦遇到让你生气、引发情绪波动的事情时，我们不要把焦点放在谁是谁非这上面，也不要以为发发脾气就能了事，更没必要为此耿耿于怀，因为这样只会使自己的情绪变得更为糟糕，于事无补。最好的办法是把焦点放在解决问题上面，就事论事，争取经过你的努力使问题得到妥善解决。

专心投入自己的工作。许多行为专家一致认为最好的办法就是专心投人自己的工作，并且做自己喜欢做的事。试想：当你全心全力忙于工作时，只想着怎样把工作做好，哪有空闲时间滋生或去纠缠情绪这东西呢！

无论你遇到什么不如意事，都不要把情绪带到工作中去，要懂得自律和自制。

阅读思考：

1. 在你工作的单位里，是不是有像李欣和小赵这样把坏情绪带到工作中去的人？他们在工作中是不是经常受挫？为什么会出现这样的结果？

2. 当你情绪不好时，你是如何克制住自己的？

2. 控制情绪，无论何时何地

如果你能恰当地掌握好你的情绪，那么你将在别人心目中留下“沉稳、可信赖”的形象，虽然不一定因此获重用，或者在事业上有立竿见影的帮助，但总比不能控制自己情绪的人要好得多。

一天，陆军部长斯坦顿来到林肯总统那里，气呼呼地说一位少将用侮辱的话指责他偏袒一些人。林肯建议斯坦顿写一封内容尖刻的信回敬那家伙。

“可以狠狠地骂他一顿。”林肯说。

斯坦顿立刻写了一封措辞强烈的信，然后拿给林肯总统看。

“对了，对了。”林肯高声叫好：“要的就是这个！好好训他一顿，真写绝了，斯坦顿。”

但是当斯坦顿把信叠好装进信封里时，林肯却叫住他，问道：“你干什么？”

“寄出去呀。”斯坦顿有些摸不着头脑了。

“不要胡闹。”林肯大声说：“这封信不能发，快把它扔到炉子里去。凡是生气时写的信，我都是这么处理的。这封信写得好，写的时候你已经解了气，现在感觉好多了吧，那么就请你把它烧掉，再写第二封信吧。”

古人说：“小不忍则乱大谋。”抑制不住情绪的人，往往伤人又伤己。工作中，我们经常看到这样的现象：有的人经常喜怒无常，在意外事变面前惊慌失措、坐卧不安；有的人因为意见不同，和上司、同事发生激烈争执，甚至引发人际关系的冲突；也有的人一旦遇到一点点的不如意，就会怒气冲冲，随时准备“讨个说法”。结果又怎样呢？你会看到，他们不仅将同事关系弄得一团糟，原本可以得到顺利解决的问题也因此而变得更加复杂起来。

一位心理学家曾经说过：“你要控制自己的情绪，否则你的情绪便控制了你。”

一名优秀的员工要具备过硬的心理素质，就必须控制好自己的情绪。优秀的员工控制自己的情绪，平庸的员工被自己的情绪所控制。

在人生这个大舞台上，最难战胜的是自己，控制情绪，驾驭情绪，是很重要的一件事。

在法庭上，律师拿出一封信问美国石油大王洛克菲勒：“先生，你收到我寄给你的信了吗？你回信了吗？”

“收到了！”洛克菲勒回答他：“没有回信！”

律师又拿出二十几封信，一一地询问洛克菲勒，而洛克菲勒都以相同的表情，给予相同的回答。

律师控制不住自己的情绪，暴跳如雷，大声咒骂。

最后，法庭宣布洛克菲勒胜诉，因律师情绪失控让自己乱了章法。

大名鼎鼎的洛克菲勒为什么用如此的手段取胜？我们暂且不讨论洛克菲勒的方法是否正确，但最终的结果是，那个律师因为情绪失控而败下阵来。

有一天，有一位不速之客突然闯入洛克菲勒的办公室，直奔他的写字台，并以拳头猛击台面，大发雷霆：“洛克菲勒，我恨你！我有绝对的理由恨你！”接着，那暴客恣意谩骂洛克菲勒达十分钟之久。办公室所有的职员都感到无比气愤，以为洛克菲勒一定会拾起桌上的墨水瓶向他掷去，或是吩咐保安员将他赶出去。然而出乎意料的是，洛克菲勒并没有这么做。他停下手中的活，用和善的神气注视着这位攻击者。对方越暴躁，他就显得越和善！

那无礼之徒被弄得莫名其妙，渐渐地平息下来。因为一个人发怒时，遭不到反击，他是坚持不了多久的。本来他是故意来此与洛克菲勒作对的，并想好了洛克菲勒将要怎样回击他，他再用想好的话语去反驳。但是，洛克菲勒就是不开口，所以他不知如何是好了。

最后，那个人又在洛克菲勒的桌子上敲了几下，仍然得不到回应，只得索然无味地离去。而洛克菲勒呢？就像根本没发生任何事一样，重新拿起笔，继续他的工作了。

当一个愤怒的人开始辱骂及嘲笑你时，不管他的话是否正确，你必须记住，如果你也以相同的态度报复，说明你的心理承受程度拉到与那个人相同的水平，因此，实际上，那个人已经控制了你。

如果你拒绝生气，保持对自己的控制，保持冷静和沉着，那么，就等于稳住了你所有思维的正常状态。

自古以来，评价人的标准，常常只要看这个人的涵养和行事的风格，就可知其是否可以成为可塑之才，是否有大将之风，因此你要成为成功的人，除了常识与能力之外，还必须有自我调控情绪的能力。

情绪处理得好，可以将阻力化为助力，帮你解危化险、政通人和；情绪若处理得不好，便容易被激怒，产生一些非理性的言行举止，轻则误事，重则违法。所以，一个人走入社会时须先要养成控制情绪的好习惯。如果你能恰当地掌握好你的情绪，那么你将在别人心目中留下“沉稳、可信赖”的形象，虽然不一定因此获重用，或者在事业上有立竿见影的帮助，但总比不能控制自己情绪的人要好得多。

阅读思考：

1. 看了洛克菲勒的故事，你受到了哪些启发？

2. 自问一下，自己有没有情绪失控的时候？当时的情形是什么样的？最后出现了什么结果？

3. 培养自制力，用理智驾驭情绪

在生活和工作中，最大的障碍往往是缺乏对自己情绪的控制，一个人如果缺乏自制力，将对生活和事业造成极大的破坏。驾驭好自己的情绪，增强自控能力，是取得成功的一个重要因素。

自制力是在日常生活和工作中善于控制自己情绪和约束自己言行的一种能力。一个意志坚强的人是能够自觉控制和调节自己言行的。

有人对各监狱的成年犯人作过一项调查，发现一个惊人的事实：这些犯人之所以沦落到监狱里，有90%的人是因为他们缺乏必要的自制，就是这一点，已对他们的生活和事业造成了极为严重的破坏。由此可见，失去自制的后果是多么可怕。

有一天，奥克莱特与同事坐在办公室聊天，他感叹史密斯的才华非常好，充满干劲，是一个不错的人才，只可惜有两个很糟糕的缺点：一是脾气不好，容易动怒；二是做事鲁莽，个性草率。

这时史密斯刚好从窗外经过，听到了奥克莱特的议论，立刻大发脾气，随即冲进办公室，抡起拳头，想痛揍奥克莱特一顿。

同事赶紧拉开史密斯，并问他说："你为何要打奥克莱特呢?”

史密斯气呼呼地答道：“你们评评理，我什么时候容易发怒、做事鲁莽呢？而他却说我容易发怒，做事鲁莽，明明是无中生有，所以才修理他。”

大家摇摇头对史密斯说：“你易怒、鲁莽的个性，刚才已经在我们面前完全暴露无遗了。”

自制是人类所有品格的精髓。不能进行自我控制，你就不会在公司里担当重要的职责，也很难树立起自己的品牌。自我控制能力在很大程度上影响着人生的成功。因此，我们必须学会控制自己的情绪，用理智驾驭情绪。

成功学家拿破仑·希尔曾说过：“自制是人类最难得的美德，成功的最大敌人是缺乏对自己情绪的控制。”

一天，拿破仑·希尔和办公大楼的管理员发生了误会。管理员为了显示他对拿破仑·希尔一个人在办公室工作的不满，就在拿破仑·希尔到办公室准备一篇预备在第二天晚上发表的演讲稿时，把大楼的电灯全部关掉了。

拿破仑·希尔立刻跳起来，奔向大楼地下室，他知道可以在那儿找到这位管理员。当拿破仑·希尔到达时，发现管理员正在忙着把煤炭一铲一铲地送进锅炉里，同时一面吹着口哨，仿佛什么事情都没有发生。

拿破仑·希尔立刻对他破口大骂，一直持续了五分钟之久，直到他再也找不出更多骂人的词句了，只好放慢了速度。

这时候，管理员直起身体，转过头来，脸上露出开朗的微笑，并以一种充满镇静与自制的柔和声调说道：“你今天有点

儿激动，不是吗？”

拿破仑·希尔怔住了，站在他面前的是一位文盲，但自己却在这场“战斗”中被打败了，他感受到了耻辱。他知道，自己必须向管理员道歉，内心才能平静。最后，他费了好长的时间才下定决心，决定向管理员道歉。

拿破仑·希尔说：“我为我的行为道歉——如果你愿意接受的话。”

管理员脸上又露出那种微笑，他说：“凭着上帝的爱心，你用不着向我道歉。除了这四堵墙壁以及你和我之外，并没有人听见你刚才说的话。我不会把它传出去的。我知道你也不会说出去的。因此，我们不如就把此事忘了吧。”

拿破仑·希尔向他走过去，抓住他的手，使劲握了握。拿破仑·希尔不仅是用手，更是用心和他握手。在走回办公室的途中，拿破仑·希尔感到心情十分愉快，因为他终于鼓起勇气，纠正了自己做错的事。

之后，拿破仑·希尔下定决心提高自控能力，决不再失去自制而做出令人后悔的事情，并为此构思了一句名言：“上帝要毁灭一个人，必先使他疯狂。”

在现代职场上，你可能也经历过类似于拿破仑·希尔发怒的事，当然，原因可能是各种各样的，比如说替同事受过，被上司骂了一顿；上司看你不顺眼，暗里给你穿小鞋；自己设计的文案被同事剽窃了；总觉得自己该升职了，可结果又是别人，等等。你一时控制不住情绪，像一头愤怒的狮子一样把不满发泄出来，似乎情有可原，但你这样做的后果是什么呢？必然是心情烦闷，精神恍惚，无法集中精力工作，或者让上司及同事另眼相看，将你孤立起来，使你成为孤家寡人；甚至老板将你视为公司的不稳定因素，请你走人，等等。这对于你的事业有百害而无一利。

一个不善于控制情绪的员工，即使平日工作勤恳、业务熟练，也不会受到大家的欢迎。这样的员工 EQ（情商）太低，不善于管理、控制自己的情绪。而 EQ 正是考察一个员工综合素质的重要依据。

所以，在你遇到刺激，情绪不稳定时，你一定要克制，设法控制住情绪，多去想一想解决问题的办法，不要沉溺于追问“为什么会这样”之中，这才是正确的处理方法。也只有这样的方法，才能使你化解情绪困扰，一步步走向成功。

阅读思考：

1. 在生活和工作中，你经历过类似于拿破仑·希尔发怒的事吗？你当时是如何调控自己的情绪的？

2. 你的情商指数有多高？你是不是一个情绪化的人？你善于用理智驾驭自己的情绪吗？

4. 控制自己的情绪，将怒气转化为工作动力

一个人应该学会控制自己的情绪，将怒气转化为有建设性的工作动力。控制发怒的目的不是压迫愤怒，而是把愤怒的情绪巧妙地转移，导引为一种动力，以推进自己的事业向前发展。

在竞争日趋激烈的今天，每个人都面临着不同的挑战，承受着不同的压力，因此人人也都会有心情烦躁的时候，都会遇到难言的苦衷。在这种情绪笼罩下，谁都会有一种强烈的想向人发泄的愿望。

但是，在工作中一定要以积极的态度控制自己的情绪。因为一个情绪化的员工是难以与他人融洽合作的，而这将会直接影响公司的利益。一般情况下，上司是不会用一个情绪化的员工去做管理工作的。

有一位经理，一大早起床，发现上班快要来不及了，便急急忙忙地开了车往公司急奔。一路上，为了赶时间，这位经理连闯了几个红灯，终于在一个路口被警察拦了下来，开了罚单。

这样一来，上班更是要迟到了。到了办公室之后，这位经理犹如吃了火药一般，看着桌上放着几封昨天下班前便已交代秘书寄出的信件，经理更是生气，把秘书叫了进来，劈头就是一阵痛骂。

秘书被骂得莫名其妙，心中的气愤无处发泄，拿着未寄出的信件，走到总机小姐的座位前狠批一阵，责怪她昨天没有提醒自己寄信。

总机小姐被骂得心情恶劣至极，便找来公司内职位最低的清洁工，借题发挥，又是一连串声色俱厉的指责。

清洁工找不到人骂，只得憋着一肚子闷气。

生活中，有许多人就像故事中的经理、秘书、总机小姐、清洁工等人那样，常为情绪左右，并把不良情绪带给了别人，影响同事间的团结协作，从而降低了工作效率。

这个例子告诉我们：让自己的情绪影响工作是不明智的，一个人应该学会控制自己的情绪，将怒气转化为有建设性的工作动力。控制发怒的目的不是压迫愤怒，而是把愤怒的情绪巧妙地转移，导引为一种动力，以推进自己的事业向前发展。

加藤信三是日本狮王牙刷公司的员工。作为公司的一个小职员，尽管他前一天夜里加班加点，很晚才能回家休息；尽管他头晕目眩，还想美美地睡上一觉，但是他必须马上起床，赶到公司去上早班。起床后，他匆匆忙忙地洗脸、刷牙，不料，急忙中出了一些小乱子，牙龈被刷出血来！

加藤信三不由火冒三丈，因为刷牙时牙龈出血的情况已不止一次地发生过了。并非每次都怪他不小心，而是牙刷本身的质量存在问题。如果他用的是其他厂家生产的牙刷，还可以投诉，偏偏他用的是本公司的产品，总不能跟自己的饭碗作对吧！他越想越气，真不知道技术部的人每天都在干什么，为什么不

能研制出不伤牙龈的牙刷呢?

情绪不好的他怀着一肚子的牢骚和不满，怒气冲冲地朝公司走去，准备向有关技术部门发一通牢骚。

加藤信三来到技术部，正要敲门的一瞬间，他忽然想起管理培训课上学到的一条训诫：“当你有不满情绪时，要认识到正有无穷无尽新的天地等待你去开发。”他把敲门的手又缩了回来。他的头脑冷静下来。他想，技术部的人也使用本公司生产的牙刷，肯定也遇到过牙龈出血的问题，为什么不加以解决呢?肯定是因为暂时找不到解决办法。另外，他还听其他人抱怨过牙龈出血的问题，他们用的并不是狮王牌牙刷。可见这是一个牙刷厂家普遍遇到的技术难题。如果能解决它，情况会怎么样?这也许是一个发挥自己的好机遇呢!

从这以后，加藤信三和几位要好的同事一起，着手研究牙龈出血的问题。他们提出了改变牙刷的造型、质地，以及毛的排列方式等多种方案，结果都不理想。有一天，加藤信三将牙刷放在显微镜下观察，发现毛的顶端都呈锐利的直角。这是机器切割造成的，无疑也是导致牙龈出血的根本原因。

加藤信三说：“如果通过一道工序，把这些锐角都锉成圆角，那么问题就完全解决了!”同事们都一致同意他的见解。

经过多次实验后，加藤信三和他的同事们把成功的结果正式向公司提出建议，公司很乐意改进自己的产品，迅速投入资金，把全部牙刷毛的顶端改成了圆角。

改进后的狮王牌牙刷很快受到了广大顾客的欢迎，对公司作出巨大贡献的加藤信三从普通职员晋升为科长，十几年后成为公司的董事长。

在这里，我们不妨推想一下，如果那天加藤信三没有克制住自己，而是到公司向同事们发一番牢骚，他不但不可能解决问题，而且还可能会得罪同事，而那个关于改进牙刷的小发现，他也不可能再想出来了。可以说，是加藤信三的忍一时之怒而成就了他一世的伟业。

加藤信三克制自己的动力源于他积极的思考。既然发怒无济于事，就冷静下来，寻求解决问题的根本办法。如果你能像加藤一样积极思考，把宣泄情绪的时间用在思索如何解决问题上，就会使自己迅速冷静下来，你不但不会陷入郁闷之中，还有可能做出成绩。相反，只会把事情推向更糟糕的境地，问题得不到解决，你的心情还会为此陷入长期的压抑和苦闷之中。

为了消除或缓冲愤怒对人体的危害，我们应当控制愤怒情绪的发生。首先，我们对暴躁易怒的危害性要有足够的认识。其次，学会宽容。适度的宽容，对改善人际关系和身心健康都有好处。过于苛求别人或自己的人，必定处于紧张的心理状态之中。以谅解、宽容、信任、友爱等积极态度与人相处，不仅让你得到快乐，还让你身心健康。此外，要增强理智感，学会克制自己的怒气。当与他人争吵或要发怒时，也可反复提醒自己：“千万别发怒，要冷静。”就可以遏制情绪冲动，避免不良后果。

爱发怒的人要学会调节自己的心理，不妨采用以下几个

办法：

第一，在办公桌上贴上“制怒”一类的警言，时刻提醒自己要冷静。

第二，为了避免情绪爆发，有意识地转移话题或做别的事情来分散自己的注意力。

第三，有很多事情是可以有多种处理办法的，遇事不要钻牛角尖。

第四，把心中的不平和愤怒向不相关的人倾诉。

第五，通过心理换位的方法来克制情绪。当他人触犯自己时，我们也可以站在他人的角度想一想，可能就会觉得别人的行为情有可原。

第六，把愤怒情绪升华为向上的动力。所谓升华，也就是将痛苦、烦恼、忧愁、怒气等不良的情绪，转化为积极而有益的行动。如果我们不甘心落后与失败，能振作精神，奋起直追，这样就把消极情绪转化为积极的行动了。

阅读思考：

1. 在你的工作和生活中，你遭遇过像故事中的经理、秘书、总机小姐、清洁工等人那样，常为情绪左右，并把不良情绪带给别人的人吗？你当时是怎样应对的？

2. 加藤信三能将怒气转化为工作动力，你能做到吗？为什么？

第六章 点燃工作的激情，开心工作每一天

1. 工作的热情比能力更重要
2. 用你的热情感染所有的人
3. 热情能让你拿到别人拿不到的订单
4. 激情是工作的灵魂
5. 充满激情去工作
6. 激情是成就事业的砝码
7. 培养你的工作激情

1. 工作的热情比能力更重要

成功的人和失败的人在技术、能力和智慧上的差别通常并不很大，但是如果两个人各方面都差不多，具有热情的人将更能如愿以偿。因为从某种程度上说，热情比能力更重要。

很多年轻人进入职场后发现，自己并非没有才华，在某一领域里的丰富知识甚至令同事难以企及，但是在工作中却业绩平平；有些同仁并没有什么非常渊博的专业知识，却总能创造出令人刮目相看的成绩。

为什么？

这其中一个很大的因素是——热情。

很多人满怀憧憬地进入职场后，首先对工作环境感觉很失望，然后，同事之间的竞争、工作方面的要求，以及一些日常的工作琐事接踵而至。面对巨大的压力，他们失望之余，变得无精打采、垂头丧气。对所从事的工作从热爱到应付再到逃避，结果使职业生涯遭受毁灭性的打击。更为致命的是，当他们在职场中遇到挫折和失败的时候，又总是从外界找借口来为自己开脱。他们很少审视自己，也并不认为无精打采地上班，磨磨蹭蹭地工作是什么值得注意的大事。却不知，正是这些才让老板下定决心辞退他们的。

热情对于一个职场人士来说，就如同生命一样重要。

那么，什么是工作热情呢？

热情，就是一个人保持高度的热爱，就是把全身的每一个细胞都调动起来，完成内心渴望完成的工作。通俗地说，热情就是喜欢，全心全力，尽责尽职地去做……

比如，你喜欢教师这份工作，你就喜欢把自己学到的东西传授给学生们；当你选择教师这份职业时，你会要求自己在教师这个岗位上尽量做到完美，而要做得完美，你就会全心全力地投入，尽职尽责地对待这个工作，你要用实际的行动去证明，最初的选择没有错，而且很有信心一直做下去。

麦肯锡公司是世界级领先的全球管理咨询公司，在全球44个国家有80多个分公司，共拥有7000多名咨询顾问。麦肯锡有一个很重要的原则，就是“热情比能力重要”。

《像麦肯锡顾问一样思考》这本书里提到，在考察工作能力与工作热情两方面，员工可分为四类：(1) 工作能力强，工作热情高；(2) 工作能力低，工作热情高；(3) 工作能力强，工作热情低；(4) 工作能力低，工作热情低。

麦肯锡对四种人采取的对策是：对第一种人采取重用、鼓励政策；对第二种人采取培训或调用的策略；对第三种人的态度是勿留；对第四种人采取不录用的态度。

对第二种人和第三种人的不同态度，体现的就是“热情比能力重要”的原则。

微软总裁比尔·盖茨曾说：“能力不足，可以锻炼，可以培养，但热情不够，是做不了事情的。”

在比尔·盖茨看来，一个员工最重要的是他对工作的热情，而不是能力及其他。他的这种观念，成为了微软文化的核心，像基石一样，让微软王国在IT世界傲视群雄。

可能有人觉得奇怪，热情真比才干更重要吗？没有才干的人究竟能干什么？其实，只要我们稍作分析便会明白其中道理。一个有才干的人，如果没有热情，他会什么事都干不好，干不成。而一个充满热情的人，却能干好他力所能及的每一件事。

工作热情是工作能力的前提和基础，工作热情可以促进工作能力的提高。有了工作热情，才会丰富工作成果，才能说明工作能力；没有工作热情，成天混日子，那么只会日渐消沉。总之，一个人有没有热情，工作的效果会明显不一样。

被称作“经营之神”的松下幸之助十分重视热情的作用。他说：“热情胜过才干。”

松下说：“我从不爱用那些抱怨环境、抱怨职务、待遇与自己的才能不相称的员工。我喜欢的员工都是对工作充满了激情和热情，充满了责任心的员工，这种员工也许本身能力并不是很出色，但他们在工作中踏实、肯干，对自己的工作不挑剔，真正能在工作上花力气，遇到困难和麻烦不会退缩。”

所以，松下先生对公司雇用到能力只能打70分的中等人才，不仅不急不气，反而说这是“公司的福气”。松下本人给自己打的分数也只有70分，然而正是这个松下口称70分的团体，打造了“松下”这个世界知名的品牌。

人们常说，热情大于本领，这话一点也不过分，就像火种大于燃油一样，一桶再纯再纯的燃油，无论它的质量多么好，

如果没有小小的火柴将它点燃，也不会发出半点光，放出一丝热。而热情就像火种，它能点燃人身上的潜能，让所有的智能和优点充分地发出光来。每个人身上都拥有热情，所不同的是，有的人热情只能保持几分钟，有的人只能保持几天或几十天，但是一个真正的成功者，却能让热情保持几十年，甚至一辈子。

让热情保持了一辈子的爱迪生，在他80岁高龄的时候，白天仍在实验室里工作一整天，晚上还要回到自己的书房里读两三小时的书。他活到84岁，一生中的发明有1100多项，这一切正像他自己所言“来自热情”。我们从他身上可以发现，人的丰富的想象力，大胆的追求，蓬勃的朝气，充沛的精力，这一切同热情这架内在的启动器是分不开的。爱默生说：“没有热情，任何伟大的业绩都不可能成功。”

不少人失败的原因，不是没有能力，也不是没有机会，而是失去了热情。一个人一旦失去了热情，惰性就会乘虚而入，人会变得老气横秋，暮气沉沉，毫无生气。这样的人纵有天大的本事，他的才华也“横溢”不出来。

爱德华·亚皮尔顿是一位伟大的物理学家，曾协助发明了雷达和无线电报，也获得了诺贝尔奖。《时代》杂志引用过他一句颇具有启发性的话：“我认为，一个人想在科学研究上有所成就，热情的态度远比专门知识来得重要。”

人人都知道，能够熟练掌握知识和技能是职业能力的表现。但你可知道，热情也是一种职业能力？为什么这样说呢，我们来看看下面的例子或许就会明白：

很多年前，有一位美国推销员，曾蝉联缝纫机十个年度的销售冠军。中学毕业后，他原本继承父业从事铸工职业，不料数年后经济不景气，订单大幅锐减，一个星期中实际工作没几天。但此时的他已经结婚生子了，经济越来越拮据。

有一天，他偶然看到一张“征募推销员，专职、兼职均可”的传单。当时他想，既然可以兼职，便可利用星期六、日去跑客户，不错！他也不考虑自己是不是有销售的经验，是不是对缝纫机有所了解，便跑到店长那儿去应聘。

更有趣的是，当他简短地说完自己的目的后，也不管店长是否录取，便一把抓起一旁的广告宣传单，说声：“我走了！”

店长在后面大叫：“你到底懂不懂什么叫缝纫机?”

他确实不懂怎么操作缝纫机，也不懂得什么是推销技巧。他凭着自己的耐心与热情，逢人便说拥有一部缝纫机可以自己做衣裳、绣花……有数不尽的乐趣。他每天六点钟出门，一直工作到很晚，好像不知道累似的。

一个月的时间过去了，这个毫无经验的新手，实际工作才八天，却创下销售 37 台缝纫机的佳绩，成为整个分店的第一名，远远超过了专职的老推销员。

据统计，热情在成功的推销中所起的作用占 95%，而产品知识只占 5%。当你看到一名新手不懂推销术，没有学会那么多的技巧，只掌握一点基本的产品知识，却能不断将产品推销出去时，你就会认识到热情是多么的重要。技巧并不是唯一重要的，有了热情，技巧是可以学来的。

我们常看到一些能力不如自己的人，却在职场上取得了巨

大的成功。他们靠的是什么？热情。

纽约中央铁路公司前总经理佛瑞德瑞克·魏廉生说过这样一句话："我愈老愈更加确定热情是成功的秘诀。成功的人和失败的人在技术、能力和智慧上的差别通常并不很大，但是如果两个人各方面都差不多，具有热情的人将更能得偿所愿。一个人能力不足，但是具有热情，通常必会胜过能力高强但是欠缺热情的人。"

成功学家拿破仑·希尔说："一个人成功的因素是很多的，而居于这些因素之首的就是热情。没有热情，不论你有什么能力，都发挥不出来。"

成功与其说是取决于人的才能，不如说取决于人的热情。凭借热情，你可以释放出巨大的潜能，发展自己坚强的个性；凭借热情，你可以把工作变得生动有趣，使自己充满活力。这一切都可以让你获得老板的提拔和重用，赢得宝贵的发展机会。反之，失去热情，你就很难在职场中立足和成长。

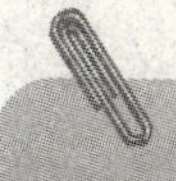

阅读思考：

1. 为什么说"热情比能力更重要"？请结合实际谈谈你的理解和认识。

2. 你对工作的热情度如何？热情给你的工作带来了什么？

2. 用你的热情感染所有的人

热情是具有感染力的，它可以感染你周围的同事、上司、客户，它可以感染你身边的每一个人。用你的热情去感染你身边的每一个人吧，你会发现，每个人的笑容都是那么美。

1946年，美国心理学家所罗门·阿希做了一个心理学史上著名的实验，被称为“热情的中心性品质”实验。他列出有关人格的七项品质，包括：聪明、熟练、勤奋、热情、实干和谨慎等，给一组被试者。同时，他给另一组被试者几乎同样的七项品质，不同的仅仅是把“热情”换成了“冷酷”。

阿希教授要求两组被试者对表中的人做一次详细的人格评定，让被试者说明表中的人可能具有或他们希望这两组人具有什么样的其他品质。答案出来了。具有“热情”品质的人，受到了被试者的衷心喜爱，人们慷慨地用各种优秀的品质描述他。而那个“冷酷”代替了“热情”品质的人，遭到了人们的敌意和仇恨，被试者把各种恶劣的品质，统统罗列在他的“冷酷”品质之下。

这项实验证明，“热情”与否意味着我们是否能够被别人喜爱和接受。这一品质影响着我们生活和工作的每一个方面。

热情是一种素质，是一种性格。在我们的生活和工作当中，

经常听到有人说，某某待人很热情，人缘特好；而某某一点也不热情，没有人情味之类的话。可以想象，缺乏热情的人肯定是一副冷淡、冷漠、呆板的面孔，这种人肯定不大合群，绝对不讨人喜欢。

热情是具有感染力的一种情感，如果你是一个乐观积极、充满热情的人，那么周围所有的人都会感受到你的热情，他们因此而变得热情起来。相反，如果你整天郁郁寡欢，毫无活力，那你周围的人都会受到这种负面情绪的“污染”而变得没有活力。

热情是重要的，它具有巨大的威力。热情是发自内心的激情，如果一个人激情洋溢，那么他就是有吸引力的。

美国通用电气公司前总裁杰克·韦尔奇曾说：“热情具有一股看不见的力量，可以吸引周围的人，就像磁铁吸铁钉一样。”

陈杰是一家电脑公司的业务主管，现在这家公司的生意相当火爆，他手下的员工跟以前相比都好像变了个人似的，个个精神饱满，热情洋溢。

当初，陈杰刚来这个公司时，感觉这个公司就像一潭死水，毫无活力，他发现大部分员工对工作充满抱怨，没有丝毫激情。看得出来，他们已厌倦了自己的工作，好多员工正准备跳槽另觅高枝。

陈杰认为，这么一个有朝气有活力的行业，员工也都相当年轻，不应该是这样一副老气横秋的样子。他决心扭转这种局面。

除了在公司制度上进行改革，以激发员工的积极性以外，陈杰还以身作则，用自己充满激情的工作作风，点燃了其他员工胸中的热情火焰。

前面提到过，热情就像火种，一桶再纯的燃油，如果没有小小的火柴将它点燃，也不会发出半点光，放出一丝热来，陈杰就像那一根小小的火柴。

每天，当他到达公司时，总是微笑着与每一个同事打招呼，他那容光焕发的精神状态让同事们每天都有一种焕然一新的感觉。在工作上，他尽心尽力，调动自己身上一切能调动的积极因素，开发新的工作和方法。

不知不觉地，那些与他一起共事的同事们员工们也一个个充满了活力，少了抱怨，多了行动，工作不再是一件枯燥乏味的事，公司的业务不断上升，大家的脸上也露出了久违的笑容。

陈杰因为经常保持这种激情四射的工作状态，在很短的时间内，便从项目经理被提拔到部门经理的位置。

在他的带动和感染下，员工们也一个个充满了活力，公司的业务不断上升。对工作充满热情就能够产生强大的动力，不仅可以使自己提高工作效率，而且还能够带动周围的人更好地完成工作。这种人是任何一个公司都需要的。

热情是具有感染力的，它可以感染你周围的同事、上司、客户，它可以感染你身边的每一个人。

玫琳·凯 1963 年创办自己的化妆品公司，该公司拥有 37500 多名美容顾问（销售员），年零售额约 20 亿美元。她本人是美国最成功的女商人之一。

玫琳·凯最初是从销售员做起的。任何一个曾经和玫琳·

凯接触过的人都会被她的热情所感染——当她出现在你面前时，你简直无法拒绝她。

玫琳·凯推销生涯的开始颇有些戏剧性。那时，她还是一个家庭主妇，一个叫埃蒂·布莱克的销售员向她推销一套《儿童心理学丛书》，并告诉她拥有这套书的好处。

当埃蒂·布莱克说出这套书定价为50美元时，玫琳·凯叫了起来："对不起，我就是拼了命也买不起这套书，它远远超出了我的收入水平。"

埃蒂看出玫琳·凯非常喜欢这套书，于是建议说："玫琳，我先把书留在你这里，到星期一再来取走，你看行吗?"

"那太谢谢你了"，玫琳·凯很高兴，"不过，这又有什么用呢？因为最后我还是付不起那么多钱。"

埃蒂说："我有个主意，如果你能推销出10套书，我就送你一套。"

"真的吗？那太好了！"

恰好，当时玫琳·凯是一所教堂星期天初级会员的义务管理者，因此她手里有许多年轻母亲的电话号码。在周末，她把大部分时间都用来打电话，向这些人推荐她所看到的那套优秀的丛书。

她的热情感染了这些年轻的母亲，很快就有十位母亲毫不犹豫地买下了这套丛书。

星期一早上，埃蒂准时过来，玫琳·凯把她所做的事向埃蒂讲了一遍。

"真是不可思议！我从来没见过这样迅速而又成功的推销。"

此后，玫琳·凯就走上了成功的推销之路。在以后的九个月中，玫琳·凯共卖出了2.5万美元的书籍，赚取了一笔可观的佣金。

从这个案例中不难发现，热情所激发出的动力是巨大的。玫琳·凯自己创办事业后，她将这种理念传承给了公司的所有员工，使他们在快乐、热情的环境中拓展共同的事业。

玫琳·凯道破了自己成功的秘密："有人说我是天生的销售员，因为我十分热爱推销工作。我确实认为，我早年成功的主要原因是对推销工作抱有充分的热情。我认为，同我在一起的很多销售员比我更有才能，但我的推销额却比他们高，这是因为我比他们具有更多的工作热情。"

热情，作为一种精神状态是可以互相感染的，如果你始终以最佳的精神状态出现在办公室，工作就有效率而且有成就，那你的同事一定会因此受鼓舞，你的热情会像烈火般蔓延开来。

用你的热情去感染你身边的每一个人吧，你会发现，每个人的笑容都是那么美。

阅读思考：

1. 你的热情富有感染力吗？你的热情感动过你周围的人吗？

2. 文章中的陈杰是一个很有感染力的人，在你的身边有没有这种充满热情的人？

3. 玫琳·凯为什么取得成功？

3. 热情能让你拿到别人拿不到的订单

> 热情是一种力量，它可以促使客户更快地接受你的产品或服务。热情本身是可以传递的。当你有一种发自内心的热情，你的这种热情也就会传递给你的客户，使他也对你抱有热情的心态，进而接受你所销售的产品。

销售服务人员要满腔热情地服务客户。热情像太阳，能活跃气氛、温暖人心、融化客户的冷漠拒绝，唤起客户的信任和好感。热情的人朋友多，热情的销售服务人员客户多。

世界著名推销大师齐格拉说得好：“你会由于过分热情而失去某一笔交易，但会因为不够热情而失去一百次交易。”

热情可以感染客户，发自内心的热情不仅会赢得交易，而且可以赢得客户的心。

塞克斯是美国马萨诸塞州詹森公司的一名销售员，凭着高超的推销技艺，他叩开了无数经销商壁垒森严的大门。一次，他路过一家商场，进门后先问候了店员，然后与他们聊起天来。通过闲聊，他了解到这家商场的条件不错，于是想将自己的产品推销给他们，但却遭到了商场经理的严词拒绝，经理直言不讳地说：“如果进了你们的货，我们是会亏本的。”

塞克斯岂肯罢休，他动用了各种方法试图说服经理，但磨破嘴皮都无济于事，最后只好十分沮丧地离开了。他驾车在街上转了几圈后决定再去商场。当他重新走到商场门口时，商场经理竟满面堆笑地迎上前，不等他辩说，经理马上决定订购一批产品。

塞克斯被这突如其来的喜讯搞懵了，不知这是为什么，最后商场经理道出了缘由。他告诉塞克斯，一般的销售员到商场来很少与营业员聊天，而塞克斯首先与营业员聊天，并且聊得那么融洽。而且，塞克斯是第一位被他拒绝后又重新回到商场的销售员，他的热情感染了经理，也征服了经理，对于这样的销售员，经理还有什么理由再拒绝呢?

成功学家拿破仑·希尔曾说："若你能保持一颗热情的心，则会给你带来奇迹。"

没有人愿意跟一个整天都提不起精神的人打交道，没有哪个客户愿意将生意交给一个毫无热情、毫无活力的销售员。

一项相关的调查显示：人们在最初的30秒内对某人或某事的印象，决定了15分钟甚至半年后他们对这个人的看法。曾经有一位朋友半开玩笑地说："我买不买东西，主要是看销售员的热情程度。见面的最初30秒内，我会先看销售员的态度是热情还是冷漠，当然，我也会去看他的专业能力、产品、价格、品牌等，但这都是30秒之后的事情，如果他没有通过我的第一关，不能让我感受到他的热情的话，我会马上拒绝他!"

做过市场推广或销售的朋友都有这样的经验，推销过程中最关键的是要用自己的热情感染客户，在你的声音、手势及面部表情中注入热情。一旦客户感受到了你的热情，交易的成功率也就会随之提高很多，有时甚至起决定性作用。

在一个炎热的午后，有位穿着汗衫、满身汗味的老农夫伸手推开了厚重的汽车展示中心的玻璃门。他一进门，迎面立刻走来一位笑容可掬的柜台小姐，很客气地询问老农夫："大爷，我能为您做些什么吗?"

老农夫有些腼腆地说："不用，只是外面天太热，我刚好路过这里，想进来吹吹冷气，马上就走了。"

小姐听完后亲切地说："就是啊，今天实在很热，气象局说有32℃呢，您一定热坏了，我帮您倒杯水吧。"接着便请老农夫坐在柔软豪华的沙发上休息。

"可是，我们种田人衣服不太干净，怕弄脏了你们的沙发。"

小姐边倒水边笑着说："没关系，沙发就是给客人坐的，否则，公司买它干什么?"

喝完冰凉的茶水，老农夫闲着没事便走向展示中心的新货车展位，东瞧瞧，西看看。

这时，那位柜台小姐又走了过来："大爷，这款车是新上市的，要不要我帮您介绍一下?"

"不要！不要!"老农夫连忙说，"你不要误会了，我可没有钱买，种田人也用不到这种车。"

"不买没关系，以后有机会您还是可以帮我们介绍啊。"然后柜台小姐便详细耐心地将货车的性能逐一介绍给老农夫听。

听完后，老农夫突然从口袋中拿出一张皱巴巴的白纸，交给这位柜台小姐，并说："这些是我要订的车型和数量，请你帮我处理一下。"

小姐有点诧异地接过来一看，这位老农夫一次要订八台货车，连忙紧张地说："大爷，您一下订这么多车，我们经理不在，我必须找他回来和您谈，同时也要安排您先试车……"

老农夫语气平稳地说："小姐，你不用找你们经理了。我本来是种田的，由于和人投资了货运生意，需要买一批货车。但我对车子外行，买车简单，最担心的是车子的售后服务及维修，因此我独生子教我用这个笨方法来试探每一家汽车公司。这几天我走了好几家，每当我穿着同样的旧汗衫，进入汽车销售中心，同时表明我没有钱买车时，常常会受到冷落，这让我有点难过……而只有你们公司，只有你们公司知道我不是来买车的还那么热心地接待我，为我服务，对于一个不是你们客户的人尚且如此，更何况成为你们的客户……"

人是感情动物，每个人都希望别人热情地对待自己。在销售过程中，销售员要用友好热情的品质赢得客户的充分信任。

客户就是上帝，无论客户是什么阶层的人，一旦他走到你的店里，他就是你的上帝，需要的就是你的服务和热心。

客户最不喜欢缺乏热心、没有热情的销售员。事实上谁都不喜欢面对一个脸上没有阳光的人，更不要说购买他的产品了。

销售员的热情应当是诚挚的、自然的、发自内心的。热情是世界上最大的财富，它的价值远远超过金钱与权势。试着以热情的心态去迎接每一位客户吧，热情的微笑和交谈会给你带来更多的销售业绩。

4. 激情是工作的灵魂

> 激情的重要性不言而喻：对个人，激情是成功的基石；对工作，激情是工作的灵魂；对团队，激情是团队前进的融化剂和助推剂；对企业，激情是企业的活力之源。

哲学家爱默生说：“不倾注激情，休想成就丰功伟绩。”

激情，就是一个人保持高度的热爱，就是把全身的每一个细胞调动起来，完成他内心渴望完成的工作。激情，就是一种强烈的情绪，一种对人、事、物和信仰的强烈情感。

激情是不断鞭策和激励我们向前奋进的动力。在所有伟大成就过程中，激情是最具有活力的因素，可使我们不惧现实中的重重困难。每一项发明，每一个工作业绩，无不是激情创造出来的。激情是工作的灵魂，甚至就是工作本身。

激情的重要性不言而喻：对个人，激情是成功的基石；对工作，激情是工作的灵魂；对团队，激情是团队前进的融化剂和助推剂；对企业，激情是企业的活力之源。

激情是一种基本的工作态度，更是一种积极的人生态度。没有激情的人生是灰暗的，没有激情的工作将暗无前途。

一家公司的两名员工在休息室里聊天。其中一个说道：“整天忙来忙去的，全是在为老板干活，可老板还经常说我办事没效率。拿的那么一点工资都不够女朋友逛一次商场。每天下班以后浑身是腰酸背痛，没精打采。第二天醒来的时候虽然是阳光灿烂，但是我的心里却是灰色的。想想一辈子要过这样的生活心里就不是滋味。”

另外一个人非常同情地看着他说：“我很少有这样的感觉。每天我把工作当作自己的事业来做。在工作的时候我身上就有一种激情在燃烧似的，让我精力充沛，效率不错也不觉得累。当然有时候我也会遇到一些不如意的事情，心里也会感到些许的不舒服。回去睡一觉，第二天是太阳照样升起，又开始新的一天。”

这两个人不同的地方就在于工作态度的不同。一个干活的时候充满着激情，工作轻松愉快效率高；一个只是敷衍了事，工作成了一种煎熬，让他感到生不如死一样。要知道一个人对工作的态度比工作本身更重要。

在任何一个公司里，都没有人愿意同一个整天萎靡不振的人交往。同样，也没有一个公司愿意招聘一个整天提不起精神的人，更没有一个老板愿意重用一个精神低落、整日牢骚满腹的员工。和那些在工作上不太如意的人聊一聊，你就会发现，他们牢骚满腹、怨天尤人、愤愤不平、寻找借口，那是他们性格上的缺陷给他们造成的麻烦。他们自毁前程、自食其果，他们总是显得格格不入，无所作为。所有的雇主都在寻找能够助自己一臂之力的人，而他们却在冷眼旁观，对工作提不起一丝一毫的热情。他们始终不明白他们的工作不如意到底是什么原因造成的，究其根本是他们不明白一个基本的职场规则：奖赏只属于那些对工作充满激情的人。

史密斯是英特尔公司的一名员工，他的工作是负责协助开发新型芯片，并使其投放市场。史密斯很喜欢这份工作，并且对此付出了极大的热情。可刚过了两个月，研发经理突然病了，无法继续工作，而这会使整个项目都陷入停滞状态。为此，公司管理层特别召开了一次会议，准备将这一项目往后推迟三个月。

史密斯听到这个消息后，认真地考虑了上面的决定，他意识到，在飞速发展的计算机市场，如果项目向后推迟三个月，很可能会带来严重的后果。于是，他决定尽自己全部的力量来避免这种潜在的损失。

第二天上午，他就同主管部门的副总裁进行了一次谈话。他对副总裁说："对于经理的不幸我很难过，但对于我们的项目推后三个月我不太赞同。您知道，如果这个项目被推后三个月，很可能会给我们的生产线造成无法挽回的损失。我们已经有最好的产品在那里了，如果能够及时上市的话，就可以占据相当大的市场份额。"副总裁非常同意史密斯的看法。

这时，史密斯给副总裁拿出了他最近制订好的计划，并表示如果经过稍微的调整重组，他可以在研发经理休息期间承担其部分职责，这样就可以使公司的产品尽快上市，赢得市场。

同时，史密斯觉得自己的确有很多东西要学，但这并不能难倒他。他向副总裁保证，他愿意做任何需要做的事情，只要能够保证产品顺利投入市场。

副总裁见史密斯对待工作如此有激情，非常高兴，欣然地答应了史密斯的要求。在之后的三个月里，史密斯夜以继日激情地工作，并使产品顺利上市，最终成为市场的主力军。

激情体现出一种积极的人生态度，一种不畏困难、坚持勇毅的工作精神。

在生活、工作中，每个人都可能面对各种不利的情况，小的挫折和困难，暂时的停顿或迷惘，不如意的环境，不公正的待遇……这时候，任何的消极、抱怨、逃避、退却，都是不可取的。

当我们以乐观自信的人生和工作态度，当我们胸中澎湃着激情之火，我们就不会迷失方向而能坦然对之，化逆境为崛起和奋进的动力。

激情是工作的灵魂，没有激情的工作，就如同一个人没有灵魂。如果你在工作中充满激情的话，你就会有许多意想不到的结果，激情将会把梦想变成现实。

阅读思考：

1. 你是一个拥有激情的人吗？是不是因为有了激情，你的工作比别人更出色？

2. 在工作中，你是不是曾经抱怨过你的工作没有创造性？

3. 你是不是曾经因为缺乏激情而错失过一些机会呢？

5. 充满激情去工作

> 一个对自己工作充满激情的人，无论在什么公司工作，他都会认为自己所从事的工作是世界上最神圣、最崇高的一项职业；无论工作的困难多么大，或是质量要求多么高，他都会始终一丝不苟、不急不躁地去完成它。

工作激情是一种洋溢的情绪，是一种积极向上的态度，更是一种高尚珍贵的精神，是对工作的热衷、执著和喜爱。它是一种力量，使人有能力解决最艰辛的问题；它是一种推动力，推动着人们不断前进。它具有一种带动力，洋溢于表、闪亮于言、展现于行，影响和带动周围更多的人热切地投身于工作之中。

在微软的价值观里，激情工作是极其重要的一条。老板要求员工每天都能以饱满的激情投入一天的工作，并坚信自己一丝一毫的努力都将是对科技事业发展的贡献，都将对千万人的生活产生积极的影响。以这样的激情去对待工作，自然能收到好的效果。

微软的招聘官员曾对记者说："我们愿意招的'微软人'，他首先应是一个非常有激情的人：对公司有激情、对技术有激情、对工作有激情。可能在一个具体的岗位上，你也会觉得奇怪，怎么会招这么一个人，他在这个行业涉猎不深，年纪也不大，但是他有激情。和他谈完之后，你会受到感染，愿意给他一个机会。”

微软喜欢雇用从学校刚毕业的“新鲜人”，几乎占到被录用人员总数的80%以上。为什么微软喜欢用那么多的“新鲜人”呢？主要是从激情方面来考虑的，在微软看来，那些“新鲜人”投入工作中的激情很高，更善于掌握新知识，对问题更敏感，更能发现各种不同知识领域间的联系，容易激发对工作的狂热，发挥自身的潜力。

说到微软员工对工作的激情狂热，不由让人想起一句很经典的话：“与工作谈恋爱”。当然这句话的来历有段小小的插曲。

微软前副总裁李开复曾回忆这样一件事：一位微软的研究员经常周末开车出门，说去见“女朋友”。后来，一次偶然机会，李开复在办公室里看见他，问他：“女朋友在哪里？”

他笑着指着电脑说：“就是她呀！”

有对工作激情狂热到这种地步的人在微软工作，微软能不发达吗？

难怪一位微软人说：“在微软工作，激情与聪明同等重要。”

一个对自己工作充满激情的人，无论在什么公司工作，他都会认为自己所从事的工作是世界上最神圣、最崇高的一项职业；无论工作的困难多么大，或是质量要求多么高，他都会始终一丝不苟、不急不躁地去完成它。

“企业需要带着激情去工作的人！”不仅仅是微软这样的大

公司是这样要求的，一般的小公司也都是这样认为的。一家公司人力资源人士表示："我们在对外招聘时，特别注重人才的基本素质。除了要求求职者拥有扎实的专业基础外，还要看他是否有工作激情。一个没有工作激情的人，我们是不会录用的。"

激情是一种强劲的情绪，一种对人、对工作和信仰的强烈情感。一个没有工作激情的员工，不可能高质量地完成自己的工作，更别说创造业绩。只有那些对自己的愿望有真正热情的人，才有可能把自己的愿望变成美好的现实。

一家公司有这样两个人。一个叫李剑的人永远都是那么悲观失望。他对工作中的每件事都是牢骚满腹，他完全体会不到工作的乐趣，相反，他认为工作是一件痛苦的事。一年后，公司为了拓展，需要提高业绩，李剑除了牢骚还是牢骚。公司第一轮裁员活动刚刚开始，李剑就接到了解聘通知书。

而就在同家公司工作的邹勇却是那么的积极进取，乐观自信，对工作充满了激情。每天，同事们可以看到他忙碌的身影，听到他那欢乐的笑声。他热情地和同事们打着招呼，精神抖擞，积极乐观，永争第一。每当他在工作中遇到难题时，他总是积极地寻找解决问题的办法，即使是遇到挫折也是如此。因此，他总是能将希望之火重新点燃。同事们都很喜欢和他接触，因为通过他，大家也能或多或少地感受到工作的乐趣。一年后，邹勇凭着他充满激情的工作态度，从一个小小的销售员提升为销售经理，而且业绩突出。

以充满激情的心态融入到工作当中，我们的工作就会发生巨大的改变。

赋予你所做的工作以使命感，激情也就随之产生了。即使你的工作不那么充满魅力，但只要善于从中寻找意义和目的，也就有了激情。

伟大人物对使命的激情可以谱写历史，普通员工对工作的激情则可以改变自己的人生。一个没有激情的员工不可能始终如一高质量地完成自己的工作，更不可能取得创造性的业绩。如果你失去了激情，那么你永远也不可能在职场中立足和成长，永远不会拥有成功的事业与充实的人生。所以，从现在开始，对你的工作倾注全部热情吧！拿出100%的激情来对待1%的事情，而不去计较它是多么的“微不足道”，你就会发现，原来每天平凡的生活竟是如此的充实、美好。

阅读思考：

1. 为什么微软愿意招聘有激情的人？

2. 你热爱你的工作吗？你感觉自己在“与工作谈恋爱”吗？

3. 扪心自问，你是充满激情去工作，还是带着抱怨去工作？

6. 激情是成就事业的砝码

激情，是热爱某项事业或工作的一种执着的感情，是一股伟大的力量。激情，催人奋进。古往今来许多人的成功，无不与他们的激情投入有着至关重要的关系，因而，激情与人生成功有着不解之缘。

激情是人生的太阳，是人的生命之火的燃烧。激情会衍生出许多好的素质。它会使人产生欲望，产生信心，产生动力。激情更是创造杰出人物的源泉。你看那些功勋卓著的政治家、军事家、思想家，抑或是科学家、文学家、艺术家和企业家，哪一个不是在生活中、工作中充满着火一般的激情！

每个人都渴望成功，成功需要激情。然而有许多人之所以不能取得成功，就是因为缺乏激情。

激情是一种态度，一种生活态度，一种工作态度，一种职业道德。激情是成就事业的砝码。激情始于理想，源于抱负。

在职业棒球生涯中取得巨大成功，又在人寿保险行业取得巨大成功的法兰克·派特的经历，很好地说明了激情成就事业的重要性。

1907 年，刚进入职业棒球界不久的法兰克就遭受巨大打击，他被球队开除了，因为他缺乏一个职业棒球队员应有的激情，动作总是没有力度。球队经理对他说："法兰克，你总是慢吞吞的，你离开这里之后，无论你到哪里，无论你做什么工作，若还是不提起精神来的话，你将永远不会有出路。”可惜，这句话并没有引起法兰克的重视。

原本拿 175 美元月薪的法兰克，不得不到了只给他 25 美元月薪的亚特兰斯克球队。他没有认识到月薪低是对自己没有激情的惩罚，反倒认为自己受到了不公正的待遇，激情更是无踪无影。

一位老队友见他无精打采的样子，建议他再换个地方。在老队友的帮助下，他到了新英格兰球队，当然，月薪还是只有 25 美元。

新球队是一个没有人知道法兰克过去的球队，他得到了应有的尊重。这一点促使他开始反思自己，并认识到了没有激情的可怕。于是，他决心做新英格兰最富有激情的球员。他这样描绘自己：

“我一上场，就好像全身带电一样。我强力地击出高球，使接球的人双手都麻木了。记得有一次，我以强烈的气势冲入三垒，对方三垒手吓坏了，球漏接了，因而我就盗垒成功。当时气温高达华氏 100 度，我在球场上奔来跑去，极有可能中暑而倒下去。”

“这种激情所带来的结果让我吃惊，我的球技出乎意料地好。同时，由于我的激情，其他的队员也跟着振奋起来。另外，我没有中暑，在比赛中和比赛后，我感到自己从来没有如此健康、爽快过。第二天早晨我读晨报的时候兴奋得无以复加。报上说：‘那位新加入进来的球员，无异是一个霹雳球手。全队的人受到他的影响，都充满了活力。他们赢了，而且是在本赛季最精彩的一场比赛中获胜。’由于对工作和事业的激情，我的月薪由25美元提高到185美元，多了7倍。在后来的两年里，我一直担任三垒手，薪水加到当初的30倍之多。为什么呢？就是因为一股激情，没有别的原因。”

后来，法兰克因为受伤，不得不放弃打棒球。这个打击无疑是沉重的。但法兰克没有被击倒，他认为，一个不安于现状的人，一个能够始终点燃自己工作激情的人，不管做什么事情，也不管在哪里，都可以取得成功。很快，他又成为了人寿保险界的“大红人”，不但有很多媒体请他撰稿，还有很多媒体请他演讲自己成功的经验。

法兰克说：“我从事推销30多年，见到过许多人，由于他们对工作抱着激情的态度，因此他们的收入成倍地增加。我也见过另一些人，由于缺乏激情而走投无路。我深信激情的态度是一个人成功的最重要因素。”

激情，是热爱某项事业或工作的一种执着的感情，是一股伟大的力量。因此，每个人都不要低估了激情对于成就一番事业的巨大作用。

激情，催人奋进。古往今来许多人的成功，无不与他们的激情投入有着至关重要的关系，因而，激情与人生成功有着不解之缘。

2007年，一条新闻引起人们的热切关注：2月27日，一位普通工人与众多科学家肩并肩，一起登上我国科技殿堂的最高领奖台，从党和国家领导人手中接过国家科学技术奖的获奖证书，他就是获得“国家科学技术进步二等奖”的一汽－大众公司焊装车间高级工人技师王洪军。这位始终保持激情的一线工人，在十几年的工作实践中，发明了40多套、2000多件工具，填补了国内外这个领域的空白，因而被誉为“生产线上的千面观音”。

熟悉王洪军的人都知道，他是一个对工作充满激情的人。为了掌握车身修复技术，他像着了魔似的，上班练，下班也鼓捣，经常干到夜里十一二点。为了实现自做展车的梦想，外籍技师一动手干，他就在旁边仔细看；老外一放下活儿，他就认真记；老外下班了，他就在废件上反复练。经过几年的积累，他终于掌握了高难度展车制作方法。他对制作工具着了迷，由制作Z型钩、T型钩、打板等单件工具，发展到多功能组合工具。

王洪军把激情融入自己生命之中，用烈火般燃烧的热情去学习、去工作、去创造，使自己的生命价值得到升华，在平凡岗位上创造了辉煌。

这种激情来自对工作的无比热爱。设想，假如王洪军嫌弃钣金整修岗位工作又苦又脏又累，不安心工作，朝三暮四，总想跳槽，就不会有一个又一个发明创造，也不会掌握绝技绝活，更不会有如今的辉煌。

在一些人看来，要成就一番事业应该有高起点、高平台，如果工作环境和条件不好、岗位平凡，很难有什么大成就、大作为，因而在自怨自艾中浪费光阴，虚度年华。王洪军的事迹告诉我们，只要干一行、爱一行、专一行、精一行，用激情去干工作，在平凡岗位也能干出一番事业来。

人活着要有精神，干工作就更要有激情。企业所需要的员工，是满怀激情的优秀员工。他们有进取精神，喜欢向看起来似乎不可能完成的任务挑战，而且总是充满坚强的自信心，在工作中付出全部的精力和智慧，破除一切艰难险阻，直至大获全胜，成就伟大的事业。

阅读思考：

1. 为什么说“激情成就事业”？请结合文章中的案例谈谈你的认识和理解。

2. 请默想古今中外的成功人士，他们的人生旅程和成功经历中，激情给他们带来的力量和激情所起的作用，以及他们长期保持激情不衰的秘密。

3. 请举出至少三件曾让你激情百倍的事件或经历，回想激情带给你的愉悦，并与大家分享。

7. 培养你的工作激情

> 激情的态度是做任何事的必要条件。任何员工，只要具备了这个条件，都能获得成功。让我们从现在开始，去培养自己的工作激情吧。

激情指引着一个职场中人去行动、去奋斗、去成功。激情是激发潜能、战胜所有困难的强大力量，它使你保持清醒，使全身所有的神经都处于兴奋状态，去进行你内心渴望的事；它不能容忍任何有碍于实现既定目标的干扰。

凭借激情，我们可以把枯燥乏味的工作变得生动有趣，使自己充满活力，培养自己对事业的狂热追求；我们更可以获得老板的提拔和重用，赢得珍贵的成长和发展机会。

让我们从现在开始，去培养自己的工作激情吧。

（1）保持对工作的高度热爱。工作激情来自于对工作的态度。一般而言，当我们能够对自己选择的工作、事业高度热爱，就会充满激情，就会在大事、难事面前表现出无所畏惧，敢于承担责任。如果没有工作激情，整天情绪低落，在困难面前就会畏手畏脚，只能“做一天和尚，撞一天钟”。

（2）必须明确工作的目的。在我们工作时，我们一定要知道自己是为了什么而工作。如果是为了理想，为了展示自己实实在在的价值，为了无愧于人生而工作，而不仅仅是为了一份

薪水而工作，那么就会感到快乐，感到工作总是有激情的。

（3）要不断地给自己制定新的目标。只有不断地给自己确立新的目标，工作起来才会有方向、有动力，才有助于保持高涨的工作热情。许多人在刚刚踏入职场之初，干劲十足、激情高涨，但时间一长，工作的平淡就会磨平他们的工作激情。这时，就需要重新给自己制定新的目标，才能找回失去的工作激情。

（4）融入团队和公司。激情不是盲目和无缘无故的，任何团队，如果我们不能融入其中，总是游离在外，那么，我们的激情注定是短暂的，不会有任何意义。融入其中，要求我们必须了解团队和公司的文化、任务、使命和价值取向，并不断修正和调整自己。达成一致固然最好，但至少要理解和认同。只有这样，我们才能真正地融入其中，我们对工作的激情才不至于枯竭。

（5）与激情人士为伍。激情是可以传递和相互感染的，经常与激情人士为伍，感受他们充沛热情的魅力，感受他们对人生和工作的理解追求，自己也会变得激情起来。同样，当你身边有人情绪低落、意志消沉时，不要受到他们情绪的影响。你应该想办法鼓励他们，用自己的激情和行动为他们加油打气。一旦他们恢复振作起来，整个环境变成朝气蓬勃时，你也会更加精神抖擞，充满激情与活力。

激情的态度是做任何事的必要条件。任何员工，只要具备了这个条件，都能获得成功。

第七章 张弛有道，轻松化解工作压力

1. 找到你的压力源，走出压力的沼泽
2. 微笑是化解工作压力的良药
3. 摆脱职场抑郁症的纠缠
4. 适时宣泄疏导心理压力
5. 换工作不如换一种心情
6. 患得患失少一些，压力自然减一些
7. 将压力转化为工作中的动力

1. 找到你的压力源，走出压力的沼泽

很多时候，很多职场中的人都处在压力的顶峰，但是面对众多的压力，他们手足无措，根本不知道应该怎么办，不知道从何下手。其实重要的就是要搞清楚压力的来源，才能够很好地分解压力，化解压力。

现在，随便瞧瞧就可以发现：大街上那些脚步匆匆的人，写字楼里那些屏气凝神的人，厂房、车间里那些神情慌张的人，机关大楼里那些一脸严肃的人……不需多加探寻，就可以发现两个字已经悄悄地写在了他们的脸上，那就是——压力。

工作压力是当前全球性的热点话题，压力既是一种强大的推动力，也是一个影响工作绩效和职业健康的消极因素。职场中人不仅要面对不安定、不可测的多变经营环境，同时还要面对来自上司的压力，来自公司同事和部下的挑战，来自公司经营策略的变化等，各方面的压力让人有喘不过气的感觉。工作压力现在已成为一个越来越严重地影响到大多数职场人的话题。

在一家权威机构对压力做的一项调查中显示，通过对上海、深圳、广州、北京四城市的调查，上海67%的人感觉压力很大，深圳感觉压力很大的占被访者的64%，广州为46%，北京为45%。而在此调查中发现70%的白领处于亚健

康状态。

身在职场，人们多么希望没有压力的纠缠呀，可压力就像影子一样紧紧地跟随着我们，并折磨着我们疲惫的心灵。

沈先生是某家公司的业务经理，他的任务就是负责整个公司产品的销售工作。

每天早晨，沈先生都匆匆忙忙地赶到公司，然后立即进入工作状态，他勤勤恳恳，一丝不苟。沈先生心里清楚，他现在输不起，他必须在工作中干出成绩，拿到比公司里任何一个经理都要高的工资，因为他急需这些钱。他的妻子就要生产了，而且他的父亲这些年来一直都有病，每天都需要固定的治疗才能维持生命。如果他哪一天失业了，所有的这一切都无法正常运转。

可是，世间有许多事情，往往就是这样，越是急着把事情做好，结果却越是不能遂愿。沈先生自然也领略到了这一点。他一心想把工作做好，但是随着社会竞争日趋激烈，他负责销售的产品在市场上的竞争力却在不断下降。因为同类产品不断涌出，再加上他公司里的产品又没有明显的竞争优势，所以经济效益每况愈下。

沈先生感到销售工作越来越难做。而当初他向老板立下的军令状，此时又像一座大山一样重重地压在他的身上，使他喘不过气来。

沈先生越来越感到一种莫名的恐惧，仿佛前任经理由于工作业绩不好而被老板辞退的情形就要发生在自己身上。在各方面情况的重压之下，沈先生干脆选择了逃避，他选择了窝在家中，竟然两天没有上班，手机也关掉了。

但是，每当沈先生看到自己满脸病容的父亲时，他又心事重重起来。终于在第三天的时候，他又不得不垂头丧气地向公司走去。

其实像沈先生现在所面临的问题，很多职场中人都深有同感。可能也有很多人跟他一样，面对这一混乱的局面根本不知道怎么去面对，其实要真正地解决问题，那就要弄清楚，问题到底出在哪里？你的压力源在哪里？

很多时候，很多职场中的人都处在压力的顶峰，面对众多的压力，他们手足无措，根本不知道应该怎么办，不知道从何下手。其实重要的就是要搞清楚压力的来源，才能够很好地分解压力，化解压力。

那么，到底什么是压力源呢？所谓压力源，其实就是那些导致你身心紧张的情境或事件。而根据易普斯管理咨询服务机构调查显示，工作负荷过大、职业发展的前途茫然、工作责任、日常烦扰、管理角色、角色冲突、角色模糊、工作与家庭冲突、组织气氛、人际关系等，都是职场白领在工作中可能产生压力的来源。

尽管在日常生活中，压力可能无所不在，但总体来说，职业压力的产生来自于一些主要的压力源。

人际关系：对领导管理的不满，与同事之间的冲突，为你的工作和生活带来了不可避免的麻烦，让你很难保有愉快的心情。据调查，在造成上班族工作压力的原因中，“人际关系紧张”已排在压力源的第一位。

工作负荷：繁重的本职工作，长时间的加班，需要不间断学习新知识，沉重的工作负荷让你感到不堪忍受，即使回到家里也难以放下。工作负荷已经成为职场人的主要压力来源之一。

工作与家庭的冲突：繁忙的工作一再侵占你的私人空间，让你很难划清家庭与事业的界限，缩短了你与家人共处的时间，造成了大大小小的家庭矛盾。工作与家庭的冲突已经成为职场人重要的压力来源。

管理角色：作为领导者，在做好自己本职工作的基础上，既要监督、协调下属的工作，又要努力完成上级下达的任务，这些让你的工作、生活有了很大的压力。管理角色已经成为你的主要压力来源。

个人责任：由于工作的性质，你不得不在工作中经常做出重大决定，承担一定的风险和责任，这种情况为你带来了极大的压力。个人责任已经成为你的主要压力来源。

日常烦扰：不断推陈出新的改革措施，繁多的临时任务，不时要出席的会议，虽然不是什么大事，但正是由于它们的存在，使你感到了很大的压力。日常烦扰已经成为你的主要压力来源。

职业发展：晋升的机会渺茫，晋升的途径单一，缺乏个人发展的机会，这一切都使你看不清自己职业发展的前景，感到心理上的压力。职业发展已经成为职场人的主要压力来源。

组织气氛：公司组织结构的僵化，员工士气的低迷，工作氛围的不和谐，都对你的工作积极性产生了很大的影响，使你感到了压力。组织的气氛已经成为你的主要压力来源。

角色冲突：工作中管理者下达指令的不一致，使你感到没有规则可依，导致工作达不到领导的要求，给你的心理带来了很大的压力。角色冲突已经成为你的主要压力来源。

显然，职场上的压力，其来源是相当广泛的，可能还不止上述提到的那些来源。这些压力就像魔鬼一样，随时在你身边纠缠，并吞噬着你的快乐细胞。搞清了压力源，我们就可以采取一系列的对症措施轻松缓解压力。只要你做到以下几点，你完全可以走出压力的沼泽地，进入快乐工作的殿堂。

(1) 缓解持续性的紧张

紧张，尤其是持续性的紧张，是导致压力过重的一个重要方面。而调整节奏和速度可以提高工作效率和缓解持续性的紧张。专家们认为，在工作场所，情绪、气氛和环境因素一成不变是不适当的。在一定环境中，情绪是一个很重要的方面。只有当人们在一起工作感到愉快时，才能取得积极、满意的效果。相反，紧张、不愉快的情绪也能在工作或人际交往的行为中反映出来。对工作场所的不满意等消极情绪，可以影响或融于一种气氛，这种气氛会使人们产生逃避的愿望。没有人愿意生活在恼人的气氛中。在工作中，有害、消极的环境可以致使消极情绪在工作中泛滥。紧张的情绪来自于工作环境，反过来又影响环境。假如你要缓解或解除由于紧张而产生的压力，就必须消除产生紧张的环境。这是毋庸置疑的。

(2) 坦然面对工作中的挫折

挫折，往往容易让人产生重大的压力。但是，在工作中，任何人都难免要遇到挫折，你对此就要有一个清醒的认识。对待工作中出现的挫折，一方面要积极地寻求摆脱的办法，另一方面，你还要坚信：没有涉不过的水，没有翻不过的山，终有云开日出的时候，明天必将迎来灿烂的曙光。这样，你必定能摆脱压力。

（3）不断提升自己的能力

从根本上来说，疏解压力最直接有效的方法就是设法提升自身的能力。既然压力来源是自身对事物的不熟悉、不确定感，或是对于目标的达成感到力不从心所致，那么，疏解压力最直接有效的方法，便是去了解、掌握状况，并且设法提升自身的能力。通过自学、参加培训等途径，一旦“会了”、“熟了”、“清楚了”，压力自然就会减低、消除。

（4）不必对周围的人分析过多

如果你将太多的精力用在了分析周围的人身上，这不但会耗费你的时间，而且还会让你产生一种无形的压力。为什么别人可以做得如此成功？为什么别人可以和老板与同事们相处得如此融洽？为什么别人可以干出那么漂亮的业绩？像这种毫无实际意义的猜想和分析，对你是绝对没有好处的。

（5）切莫把工作上的压力带回家

对待自己的情绪，你一定要学会驾驭和管理。工作上的压力原本就够大的了，所以千万记住不要将它再带回家。给自己留出休整的空间：与家人和朋友共享时光，交谈、倾诉、阅读、冥想、听音乐、处理家务、参与体力劳动等都是获得内心安宁的绝好方式。选择适宜的运动，锻炼忍耐力、灵敏度或体力……持之以恒地交替应用你喜爱的方式并建立理性的习惯，逐渐体会它对你身心的裨益。

走出了压力的沼泽，我们就可以轻松享受工作带来的回报和成绩，轻松工作，越来越快乐。

阅读思考：

1. 你找到你的压力源了吗？你打算怎样走出压力的沼泽？

2. 如果你遭遇到沈先生所面临的压力，你会如何去应对？

2. 微笑是化解工作压力的良药

微笑，是一剂良药，能化解内心的苦闷，能减轻压力，能感染周围的人，使人际关系融洽，事业更顺利，生活更愉快。无论工作压力多大，我们都应该用微笑面对。

当今社会，机遇与挑战同在。在生活之中每个人都充满了压力，生活的压力、工作的压力……致使许多人倒在了压力下。

据权威部门统计，大多数人都处在亚健康状态，大多数人或多或少都有一定的心理疾病，究其原因主要就是压力惹的祸。人难免会遇到坎坷、无奈、曲折等诸多的不如意，关键在于我们如何对待。

遇到压力大的时候，我们不妨给自己一个微笑，或让自己开怀大笑。一个人如果能养成爱微笑的习惯，就会觉得压力也不过如此。

2008 年的第 29 届北京奥运会，冲击奥运会首金失利的中国选手杜丽面对镜头泣不成声，然而四天后她在另外一个赛场凤凰涅槃，留下了夺金后的微笑。

女子 10 米气步枪向来是奥运会的首项比赛，四年前的雅典奥运会上，杜丽就为中国代表团赢得了首枚金牌，四年后北京奥运会她再次成为争夺首金的最大热门，这也给她带来巨大的压力。

首金的失利，给杜丽造成了很大的压力，她每天都在和自己较量。在种种压力之下，杜丽甚至产生了退出比赛的念头。

首金失利后，杜丽从8月9日到14日，一直将自己关在屋中。对杜丽来说，四天时间比四年还要漫长。在这几天时间里，杜丽的教练们有意对她封锁了一切消息，中国军团如何狂揽金牌，杜丽一概不知。四天时间，她只是和队友一起打了几次扑克，大家除了打牌，其他的一概不提。

为了让她缓解压力，教练王跃舫透露了一个独家秘诀，就是让杜丽带上一面小镜子，目的是让她自己照照看，苦着脸有多么难看。这一面小镜子果真让杜丽放松了下来，脸上也终于有了一丝微笑。

决赛前一天，杜丽走进了教练的房间，一起讨论了一下这几天的训练情况。临走时，教练只留下了一句话："你就老老实实去打，一定能打出个好成绩来。"于是，13日晚8点，杜丽早早就关灯睡觉，"一夜都没有做梦，睡得很踏实"。

在14日进行的北京奥运会射击女子步枪三姿比赛中，杜丽以690.3环破奥运会纪录的成绩获得金牌。从卫冕首金失利到再获奥运冠军，杜丽用五天的时间实现了自我超越。

在杜丽26年的人生里，没有比2008年8月9日更灰暗的日子，但也没有比2008年8月14日更灿烂的一天。

这一天正午时分的北京，突然雷声阵阵，暴雨倾盆直下，但射击决赛馆里的杜丽却什么也听不到，她的耳边只有如雷声一样的欢呼声。观众席上，无数只挥舞的双手，无数个喉咙里喊出杜丽的名字，无数面鲜艳的国旗……在杜丽眼里，一切都

来得这么幸福。“杜丽，好样的！”总教练王义夫简直是奔向杜丽，紧紧抱住这个五天前还痛哭失声的姑娘。这时，杜丽又哭了，泪水汹涌而出。

面对全世界记者的镜头，一向稳重的王义夫竟也激动得声音颤抖：“杜丽当时在首金争夺战中失利，真的是压力太大了。你想想，全国人民都关注着她，对她寄予厚望，这对一个26岁的小姑娘来说，要顶住多大的压力！其实当天杜丽的资格赛成绩不错，只是决赛中压力太大了，没有发挥出应有的水平。而今天，杜丽表现很出色，顶住了压力，我很为她骄傲！”

谈到中国健儿在奥运赛场上的出色表现，著名影星霍思燕也是连连拍手称赞，她动情地说：“最让我感动的，是之前杜丽取得的那枚金牌。或许我们都无法想象首战失利后杜丽所承受的巨大心理压力，但她在接下来的比赛中，能很好地调整心态，成功地向世人证明了她是最棒的！每看一次关于杜丽的报道，我都忍不住跟着哭一次，她真的好让我感动。”

微笑，是一剂良药，它能化解内心的苦闷，能减轻压力，能感染周围的人，使人际关系融洽，事业更顺利，生活更愉快。然而，随着社会竞争日益白热化，工作压力越来越大，很多人都将微笑遗失了，脸上只留下一个僵硬的表情。更有专家指出，现代人的幸福指数比以往降低了，痛苦的人越来越多，懂得微笑的人越来越少。

其实，工作中，一个懂得微笑的人，很难让自己陷入压力之中。因为微笑是化解职场压力的一个非常有效的武器。当我们被工作搞得焦头烂额、身心疲惫时，微笑可以影响我们的神经，改变我们的心态，让我们内心的焦虑得到排解。

微笑能消除郁积的紧张和压力，使人们感到鼓舞、欢愉和情趣盎然。无论工作压力多大，我们都应该用微笑面对。

有一个人坐在办公桌旁，他是一家大公司的业务主任。他的办公桌上满是签条、函牍、契约等文件，他的电话信号灯一明一灭地闪烁着，显示有人等着要和他说话。他正在跟两个人商谈，他们坐在沙发上抽烟，恭候多时了。业务主任看看自己的约会登记本，记下他要参加的另一个重要会议，与公司的董事长午餐，同时还要花几小时的时间进行一个活动计划，此外，他还得口授几封信，并且……这样大的工作压力足以把人压得喘不上气来，实在是令人吃不消。可是业务主任并不觉得这是压力，也不认为这有什么困难，他觉得这样会更充实。在他同下属、客户、上司谈话时，他一如既往地幽默着，脸上总是挂着笑。当自己的下属问他：“在如此大的工作压力下，你何以还能快乐得出来?”

“烦恼是别人的，微笑和快乐是自己的。”他又说出一句充满幽默和智慧的话。

与压力做朋友，其实是一种生活智慧，压力既然无可避免，那么就尝试着去了解它、面对它、与它和平共处，在心态上做一些自我调整，将压力化为成功的助力。

笑声为什么能成为缓解压力的积极选择呢？我们都知道，在十分受压抑的工作环境下，压力并不是写在脸上的，而是潜藏在内心的。而笑声可以缓解压力、舒缓身心，让人暂时忘记现实的烦恼。笑的行为本身也是一个深呼吸的过程，而在深呼

吸的同时人就会增加信心、充满活力，让人感觉良好。在感觉良好的情况下，智慧很容易就激发出来了，这时候再工作就会充满动力，工作效率就会大大提高。因此，我们每个人都要学会微笑着给自己减压，给自己更多的快乐。

阅读思考：

1. 看了杜丽的故事，你有什么感想？
2. 在压力面前，你是微笑还是哭泣？
3. 在以后的工作中，你将如何应对工作中的压力？

3. 摆脱职场抑郁症的纠缠

当今中国职场竞争激烈、工作压力大、人际关系复杂，让很多不堪重负的职场人患上了职场抑郁症。每个人或多或少会有些抑郁，抑郁症并不可怕，如同发烧、感冒一般，我们要做的是学会调节，勇于去战胜它。

近几年来，在激烈的竞争压力下，患有抑郁性精神疾患的人越来越多。我国的统计资料显示：约有30%的人曾出现过如情绪低落、烦躁焦虑、恐慌、行为失常等抑郁特征。

其中，职场人由于工作压力大和人际关系复杂更容易引起苦闷压抑的失调情绪，成了“心头之患”，这是典型的“职场抑郁”表现。抑郁不同于抑郁症，持续的抑郁就会导致抑郁症。抑郁症是一种心理疾病，患抑郁症的人有自杀、自虐的念头，不容易恢复。据统计，我国有2000多万抑郁症患者，其中有15%的人有自杀的危险。专家预测，到2020年抑郁症将成为仅次于癌症的人类第二杀手。

小茜一直在太升南路附近一家单位工作，由于工作比较出色，后来提升为经理助理。小茜以前是收银员，比较单纯，很少和人打交道。后来她被前任经理提升为助理后，就需要和上级、销售员交流、沟通。可能是小茜难以适应，才感觉到了压力，她不久便提出了辞职。对职场失去信心的她，终于在2005

年10月30日凌晨从6楼轻轻一跳，23岁的生命便从此消失了，只留下一本“死亡日记”。

在日记中，写得最多的就是自己的工作情况。

“今天在办公室待了一整天，看了一天的电脑，总结一下，我什么也没学到。唉，明天又怎么办……”

小茜在自杀前几小时留下了最后一篇日记：“我实在没有勇气面对这个社会，这次离职对我打击太大了。我看到了我的无能，我不敢和人交流、沟通，太阴险了，我选择了逃避。”

据《早报》报道：一个19岁、一个20岁，如花般青春女子，却被一瓶毒药带走了生命。2008年9月13日，南安洪濑镇一手袋厂内，两个女孩口吐白沫倒在宿舍内，抢救无效后相继死亡。工友在床边找到了除虫剂的瓶子。

记者多方了解得到的调查信息是：承受不了生活的压力，两个女孩子服毒！

这些刚刚步入社会的年轻人，在人生刚刚开始的时候，却只看到灰色的生活，抱怨“做人辛苦，活得很累”。将自己宝贵的青春和生命白白地葬送在懊悔、沮丧、忧郁之中，失却了勃勃生机和青春活力，使家庭蒙上苦恼的阴影。

为什么有这么多的人要选择自杀？综观这些职场人士，都是不堪心理重负而自杀的，“压力过大”是普遍原因，压力过大就会导致连锁反应。

原来都是压力惹的祸！

有人说当今社会，“人类进入了情绪负重的年代”，一点也不夸张！随着生活节奏的加快，竞争的加剧，人们承受着越来越大的压力。在高度压力下，不少人处于精神失衡状态，亚健康情绪及亚健康心理的积累也不断加重，患有抑郁性精神疾患的人越来越多。

近年来，上班族罹患抑郁症的比例愈来愈高，对此，中国科学院心理研究所研究员王极盛说："不能小看了抑郁的危害，它的破坏力是很大的。经常性的抑郁会使人工作倦怠，也必然会影响工作效率；抑郁会造成人际关系的紧张，造成企业团队整合不良；抑郁会降低患者自身免疫力，现在的'亚健康'人群比例大在很大程度上与抑郁有关。不良的心理对健康的危害不亚于病菌，良好的心理对健康的益处不亚于营养。此外，抑郁是影响创新的最大因素，每天心情低落，不愿意工作，怎么会有好的想法和创意。"

面对严重的社会、经济和心理压力，如果处置不当，任何人都有可能因不堪重负而选择自杀这种极端方式来结束生命。

王极盛在接受《工人日报》记者采访时分析了上班族患"职场抑郁"的原因："当前社会生活节奏快，很多人不适应；职场竞争激烈，工作任务重，由此带来工作紧张；老板苛刻，难以沟通；发展空间小，没有前途等等许多因素困扰着上班族。另外，职场上的复杂人际关系让上班族身心俱疲。"

在一家外企公司干了五年的小尤，从业务员做到业务副总，本以为坐到梦寐以求的位子，心理压力可以减轻点，可职场复杂的人际关系让他很是烦恼。小尤手下一个部门经理是老板的亲信，此人业务能力差、为人尖酸刻薄，但偏偏巧舌如簧，把老板哄得服服帖帖。小尤不但得帮助他完成销售任务，还要被

他把功劳抢去。更有其他副总在旁边幸灾乐祸说些不三不四的话，让老板对小尤起了戒心，削减了他手中的权力，还差点把他“下放”。小尤为此非常烦闷，心情几乎陷入了谷底，整天郁郁寡欢。有几次，他两眼发黑，险些晕倒，到医院检查，发现是心理压力过大所致。

由于职场遭遇抑郁，很多上班族像小尤一样工作和身体质量严重下降。不仅如此，抑郁带来的损失也是不可忽视的。

“身体是革命的本钱”。有人这样比喻人生：健康是1，其他的一切，如事业、财富、爱情、名誉都是跟在1后面的0。0的数目越多，数字也就越大，幸福的可能性也就随之增大。但是，如果没有前面的那个1，后面即使跟着再多的0也还是等于0。

每个人或多或少会有些抑郁，抑郁症并不可怕，如同发烧、感冒一般，我们要做的是学会调节，勇于去战胜它。怎样让自己拥有一个健康的心理，在职场上有一个好的工作姿态？心理专家给上班族提出一些建议和方法，让大家远离抑郁。

心理专家指出，战胜抑郁症主要是从培养自己的乐观主义精神上入手。

（1）首先要有正确地认知评价。虽然高薪厚职是很多人梦寐以求的事，但不是每个人都会得到，得不到的何不让自己过得简单自在些，不要死死抱着“高薪快乐”的想法不放。

（2）学会释放自己的情绪。生活和工作中会有许多让我们感到愤怒、压抑、悲观、不满等各种各样的情绪，这些情绪必须通过合理有效的途径释放出来。如果这些情绪长期压抑在心中，我们就会出现焦虑和抑郁的情绪，抑郁症严重会导致自杀。如果不学会合理排解、发泄自己的情绪，造成精神抑郁的可能性很大，将很难适应现代城市的工作，成为现代工作方式的牺牲品。因此，要学会调节自己的情绪。不高兴了，转移注意力，散步、运动，或者把心里的苦闷跟家人朋友说出来。其实，很多人的抑郁是自己憋出来的。女性还可以时不时做做美容，打扮打扮，看到全新的、漂亮的自己，心情也美了。良好的工作情绪是好业绩的催化剂，有了好情绪，工作效率也就会高。

（3）要善于解压。枯燥的工作给人一种压抑感，要合理安排工作时间，每天每周要完成多少件事，做到心中有数。不要让工作占据自己所有的时间，要学会享受生活，培养听音乐、阅读、垂钓等适合自己的兴趣爱好。生活环境的枯燥让人生活无味，可以适当出去旅游，邀请朋友聚会，或者帮助别人，在帮助别人的同时，自己也会得到一种成就感、满足感和心理愉悦感。

（4）把复杂的问题分解成简单问题。抑郁情绪的出现很多是因为思维方式导致的，其中一个共同的特征是面对复杂的问题难以找到解决的方法。所以，可以尝试着有步骤地分析出简单的具体问题，然后制定解决的计划。

（5）了解自己的极限。有一些抑郁情绪是由于压力所产生的焦虑导致的，其中一个原因是自己承担了本不能承担的压力，不能意识到自己的极限。了解自己的能力是解除抑郁状态或情绪的方法之一。

（6）从不同角度看待问题。训练自己学会不要只是考虑一

个结果或只是寻找一个答案，当发现自己被一种结论或观念困扰时，有意识地从对立的角度寻找另一种结论或答案。

心理专家指出，自我调节，要学会自我安慰，同时不要拘泥于个人的小天地而患得患失，力争经常参加文体活动来调节精神生活，消除心理紧张，开阔心胸。与他人进行愉快的交往可以有效地表达自己的需要和感情，感到更能控制自己的生活，这种感觉可以避免抑郁情绪的产生。

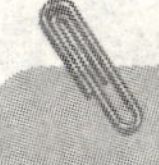

阅读思考：

1. 看到有关那些不堪心理重负而自杀的职业人的报道，你有何感想？

2. 你是职场达人还是职场菜鸟？面对职场压力你能从容应对吗？

3. 你掌握摆脱和战胜抑郁症的有效方法了吗？

4. 适时宣泄疏导心理压力

普通员工也好，公司高管也罢，都会遇到来自各方面的压力。是默默忍受还是宣泄发作出来？适当、适时、适地地宣泄，对于维护心理的健康和平衡非常重要。

无论是一个具有积极人生目标的人，还是一个只把工作当成“混饭吃”却被逼成为“工作狂”的人，或多或少，总有着一些无法宣泄的职业压力：来自顶头上司的苛刻要求，来自客户的故意刁难，来自不同部门同级人员的勾心斗角……诸如此类，都足以令人眉头紧蹙、内心焦虑。

普通员工也好，公司高管也罢，都会遇到来自各方面的压力。是默默忍受还是宣泄发作出来？

心理学家曾做过这样一个有趣的实验：研究者将参加实验的人分成三组。在实验的第一阶段，故意激怒所有参加实验者。对第一组人，给他们机会电击激怒他们的人；第二组则能看见研究人员对激怒他们的人进行电击；第三组人则既没有机会电击，也没有看见别人电击激怒他们的人。在实验的第二阶段，让所有参加实验者对无辜的人实施电击。结果发现，第一组——已经对激怒他们的人进行电击的人，对无辜者进行的电击最少，第二组居中，而第三组人对无辜者实施的电击最多。

这一实验说明，实际或观察到、想象出的攻击行为，能使

人的情绪得到较为充分的宣泄，从而减少伤害和攻击他人的行为。所以，人有气，就一定要释放出来。欲望、意愿如果总是压抑于内心，人就会变得很烦闷、不快、焦躁和痛苦，就会转化为一股负性能量。这种负性能量就会兴风作浪，让你吃不好睡不着，让你神经系统紊乱，让你身心失调，让你免疫功能降低……时间长了，各种身心应激症状就会出现。

小鹏是某家公司部门的高级主管，最近一段时间，他总是觉得自己每天都处于暴怒的边缘。只要在工作中出现一点点差错，哪怕是员工偶尔迟到几分钟，他都会火冒三丈，并连续训斥他很长时间。所有员工都认为他火气太大，简直不可理喻。

“他的弦绷得太紧了！”小鹏的一位下属兼好友这样说道，“他需要足够的休息。”小鹏却认为不是他不想休息，而是工作实在太忙，他无法安心地休息。有时候，小鹏的内心甚至有一种发狂的感觉，这种情形大多是因为连续熬夜工作、睡眠不足所引起的。

小鹏常常都会一个人坐着，并不停地抽着烟。没有人敢去打扰他，他则保持着沉默、不答理人。扭曲的状态出现了，他开始对人变得十分粗暴无礼。

小鹏痛恨自己的工作，厌恶所有与自己工作相关的人。当这种暴怒频繁出现时，他知道自己应该改改了。

小题大做、疑神疑鬼、暴躁易怒，这是压力过大的症状。小鹏最需要的就是学会宣泄、释放压力。

事实上，职场压力是把双刃剑，处理得当能缓解情绪，还对今后的职业人生有很大益处，反之，则是刺向自己的一把利剑……有幸者，能找到一两种效果显著的发泄方式，使之成为继续维持工作的平衡点；不幸者，一直备受囤积着的压力所折磨，频频处于崩溃、欲罢不能的边缘。因此，职场中人应该以正确的方式发泄心中的压力。如果像小鹏一样不分场合任意发泄，那么后果将是不可想象的。如果冲着同事发泄，即使同事理解你的心情，内心深处也会对你产生一定的看法。如果这事被上司知道了，可能会影响到你的加薪或升职。而且一个过分情绪化的员工是难以与他人融洽合作的，这将会直接影响到公司的利益。

有人把人的心理比喻成一个气球，在日常生活中，我们经常把一些欲望、冲动、需要等压进这个气球，于是这气球越来越大，当压到一定程度时，我们就会觉得内心的压力太大了，气球快要爆炸了的感觉。适当、适时、适地地宣泄，对于维护心理的健康和平衡非常重要，下面介绍一些宣泄的技巧和经验，供大家参考。

（1）痛痛快快哭一场

心理学认为：哭能缓解压力。有这样一个实验：心理学家给一批成年人量血压，然后按正常血压与高血压分成两组，分别询问他们是否哭泣过。87%的血压正常者有哭泣的行为，而那些高血压患者的大多数都说他们没有哭泣或极少哭泣。

你当然不必像演员那样硬挤眼泪，但在工作中蒙受巨大压力的时候，在适当的时间、适当的地点、适当的人面前，痛痛快快哭一场，没什么不好也没什么不可以。

当你哭出来的时候，你就会把内心的压力一块儿给哭出来，

所以当你哭完时，就会有一种轻松感。只有情不自禁地流出来的眼泪才能达到宣泄的目的。

（2）找个地方出气

商品社会最大的好处就是，你有什么需要，社会就为你提供什么样的服务。听说过“出气室”吗？在那里，可以把想打的人痛打一顿，把想骂的人痛骂一番。据说，在美国和日本大企业内，都提供这种场所。

著名的日本松下电器公司为了调整员工情绪，使他们提高工作效率，在这方面动了不少脑筋，也下了不少工夫。该公司在各个生产基地都设有一个专门的、很隐蔽的房间，叫“出气室”。

在出气室里存放各级主管人员的照片、橡皮模型人以及逼真的蜡像人，房子一角，放置一个大工具箱，“十八般兵器”样样齐全，你可以由着性子放任脾气，发泄出心中对其中某位主管的不满，通过拳打脚踢释放心中的怨气和愤懑。

在松下公司的“出气室”里，还有松下电器公司总经理松下幸之助的仿真橡皮人，供有怨气的员工打击以发泄内心的情绪。当员工打击完橡皮人之后，那橡皮人嘴里就会响起松下幸之助本人的声音，这是他写给员工们的一首诗。诗中说：“这不是幻觉，我们心心相通，团结合作……”

松下幸之助有句口头禅：“让员工把不满发泄出来。”他的这一做法，使管理工作多了快乐，少了烦恼；人际关系多了和谐，少了矛盾；上下级之间多了沟通，少了隔阂；公司与员工之间多了理解，少了对抗……

心理专家对出入松下公司“出气室”的员工进行了细致观察，结果发现：人们进屋前的表情与出来后的表情变化很大。进去时人们看上去显得神情抑郁或怒气冲冲，而出来时大多数人则显得轻松多了。而且，他们重新投入工作时也是干劲倍增。

人有各种各样的愿望，但真正能达成的却为数不多。对那些未能实现的意愿和未能满足的情绪，千万不要压抑，而是要让它们发泄出来，这对人的身心发展和工作效率的提高都非常有利。

（3）把压力、烦恼写出来

书写也是有效的宣泄法。遇到挫折或心理压力，不便或不能向人倾诉时，可写日记、书信、绘画等等。尽情地把忧心事倾泻在纸上，写完气消，顿感畅快，又不伤害他人。美国前总统林肯的“永不发出的信件”被人们公认是消除怒气和烦恼的良方。

美国心理学家詹姆斯·彭尼贝克在一系列实验中让受试者表达出最使他们苦恼的情感，从而取得了良好的治疗效果。他的方法非常简单，就是让受试者连续五天，每天都花15分钟或20分钟写出“一生中最痛苦的经历”，或当时最让人心烦意乱的事情。受试者写出东西后若想自己保留，则悉听尊便。这个自我表白的效果惊人：受试者的免疫力增强了，随后半年里去看病的次数大大减少，因病缺勤的天数也减少了，甚至肝功能也得到改善。此外，受试者对其痛苦情绪越是无保留地表白，其免疫功能的改善程度就越大。研究发现，发泄愁闷情绪的最佳方式是：先把悲伤、焦虑、生气等情绪统统表达出来，接着，

再花几天时间把它们写在纸上，最后，从心灵的痛苦中找出某些有意义的东西。

（4）向人倾诉宣泄

哲学家培根说过："如果你把忧愁向朋友倾诉，你将卸载一半忧愁。"倾诉是常用的宣泄法。找亲人、知己，把苦衷、烦恼尽情诉说，越淋漓尽致，越如释重负。不吐不畅，一吐为快。

美国杰出的人本主义心理学家罗杰斯这样说过："我希望人们能听我倾诉自己的心里话。在我的一生中，有好几次我感到自己因无法解决问题而火冒三丈，或者陷入苦恼不堪的恶性循环中而不能自拔，或者一时被绝望的心情和认为一切都毫无价值和意义的心情所压倒。可以肯定，在这时候我已经处于病态的心理状态。我比大多数人有幸的是，在这些时候我总能找到人倾诉自己的苦衷，由此使我从精神纷乱中解脱出来。"

当你满腹冤屈的时候，到朋友那里，滔滔不绝地说出来，得到同情和安慰，也许，朋友给你物质上的帮助是有限的，但给你精神上的帮助是无法计算的。

（5）学会沟通，进行有氧运动

排解压力的关键，在于学会与同事沟通，学会发现问题的症状点所在，然后加以克服，很多时候，需要经验的积累。如果还是无法克服，那么，只得找一个愿意听取倾诉的人，宣泄一番，或者运动一下，让压抑跟随着汗水一同挥发。运动是有效的宣泄法。可打球、游泳，甚或无目的地奔跑。当你汗流浃背、精疲力竭时，气消心亦平。

5. 换工作不如换一种心情

> 没有一件工作会令人天天愉快、年年顺心，当你兴起“另起炉灶”的念头时，不妨先转换心情，以新的角度看工作、看事情，或许离职的想法会就此打消。如果你不能调适自己的工作态度与心情，建立正确的工作观，下一个工作很可能又是噩梦的开始。

跳槽在我们生活中是很正常的，但是频繁的换工作会影响我们的职业生涯和前途，所以我们提出：换工作不如换心情。

没有一件工作会令人天天愉快、年年顺心，当你兴起“另起炉灶”的念头时，不妨先转换心情，以新的角度看工作、看事情，或许离职的想法会就此打消。如果你不能调适自己的工作态度与心情，建立正确的工作观，下一个工作很可能又是噩梦的开始。

小马是学工商管理专业的，他的理想是做一名职业经理人。他一毕业便顺利进入一家公司做行政助理，但只干了半年，就厌烦了每天重复性的工作。小马对朋友说：“处理人际协调工作太没创造性，我离自己的目标越来越远了。”

于是，小马毅然改行，做了销售工作。“每天早上睁眼前，一想到要去面对客户的冷言冷语，就要挣扎好久。”因为压力过大，干了四个月以后，他毫不犹豫地放弃了。

小马又跳槽到另一家公司，回到熟悉的行政管理岗位。但又过了短短四个月后，由于饱受无聊折磨，工作又一次“无疾而终”。之后一段时间里，他一直待业在家。后来在朋友的介绍下，找到了他的第四份工作——到一家公司做企划。但做这份工作后不久，他就觉得自己没办法精神饱满地投入到工作中去，他对朋友说：“我是不是应该再换个工作呢？”

小马大学毕业两年，就换了四次工作。现实中，像小马这样在毕业很短的时间内，频繁更换工作的人并非少数。现在的工作环境真的需要我们频繁跳槽吗？其实，再好的工作也难尽善尽美，如果不能调适自己的心情，下一个工作很可能又是新一轮厌倦的开始。

“换工作不如换心情”，这是时下职场中比较流行的说法，它正是出自很多人换了较多工作或岗位之后的反省和感悟。像小马这样频繁更换工作的行为对于每个职业人来说，都是不明智的做法。试想一想，即便换了岗位，甚至换了职业，是否会遇到同样的状况？所以，在此情况下，换工作只是冲动和逃避的做法，换心情才是积极的应对。

每一份工作或每一个工作环境都无法尽善尽美，令人称心如意。仔细想想，自己曾经从事过的每一份工作，多少都存在着许多宝贵的经验与资源。例如失败的沮丧、自我成长的喜悦、温馨的工作伙伴、值得感谢的客户等等，这些都是人生中值得学习的经验，如果你每天能带着一颗感恩的心去工作，相信工作的心情与态度自然是愉快而积极的。

在职场的生涯中，换工作也许是必经的过程，但是每一次的转换，是否为您带来正面的效益及自我提升？这是转职之前必须深刻思考的问题。

陈丽和邹敏都是十分优秀的女孩子。她们同是一家公司销售部的业务员，陈丽大学毕业，而邹敏只有中专学历，应该说她们的能力不相上下，都能较好地完成任务，陈丽的业绩甚至比邹敏还要好一些。但陈丽认为自己是名牌大学毕业生，在这家小公司里没什么出息，老想着另谋高就，不但一天到晚没有个笑脸，而且好像一点劲儿都没有，对于经理布置的工作，尽管都能完成，但答应下来不那么爽快，一副勉为其难的样子。

而邹敏乐观、开朗，认为自己学历低，更应该虚心学习，努力工作。所以只要她在办公室里，气氛都非常活跃，似乎多了一份生气。邹敏工作积极主动，而且能适时地给经理提出一些合理化建议，她的身上总是充满活力，好像有用不完的劲儿，很受上司和同事的喜欢。几年后，邹敏得到了提拔；而陈丽呢，不甘心面对新上司邹敏，急急忙忙跳槽去了一家更小的公司。

工作不会每天都是轻松愉快的，公司也不可能没有缺陷。我们常常会犯这样一个毛病，就是对现在服务的公司因为太了解而产生抱怨。人一旦有了抱怨，眼睛看到的都是负面的东西，所以总会认为现在服务的公司简直“一无是处”，从而想换工作，追寻另一个职场归宿。如果抱着这样的心情换工作，有可能会陷入长期失业的轮回之中。

当然，每一个想换工作的人，都不希望如此。事实上，一般人在工作不如意的时候，常常不知道追根究底，找出自己真正面临的问题或原因，而期待环境或他人能为自己改变。当期

待落空，心中自然产生失望与无助，这就会影响一个人的心情，并打击继续工作的意愿，进而想到换工作。

俗话说："干一行，爱一行，钻一行。"如果你换工作的因素，仅仅是心情不好，看什么都不顺眼，那是因为你的心态出了问题，你不妨调整一下自己的心绪，多想想以往在公司的开心事，多想想同事以前对自己的好，甚至上司对自己有过的帮助，从而振作起精神来。良好的精神状态能创造出一种良性循环的工作氛围，你会因此效率大增，良好的工作业绩赢来同事的钦佩、上司的赞赏，工作的乐趣和热情自然又会回到你的身边。

当你想换工作时，不如先换个心情去面对工作，也许，你的感觉就会不一样了。

阅读思考：

1. 在你的职业生涯中，你换了多少次工作？是什么原因使得你不断地换工作？频繁更换工作给你带来了什么？

2. 你的身边有像小马这样频繁更换工作的人吗？他们现在的境况如何？

3. 你认为"换工作不如换心情"的观点正确吗？请谈谈你的认识和理解。

6. 患得患失少一些，压力自然减一些

人生在世，有得有失是最正常不过的事，过于注重得失，即使得到了又能怎样？如果有一天能够少患得患失一些，压力自然会减少一些。因此，在日常工作和生活中应心平气和地面对压力。

什么是患得患失？患得患失就是担心得不到，得到了又担心失掉。患得患失的人一味地担心得失，斤斤计较个人的得失。患得患失是人生的精神枷锁，是附在人身上的阴影，是浮躁的一个重要表现形式。

生活中往往有这样一些人，做什么事情之前都要反复考虑，做完之后又放心不下，对方方面面都考虑得尽量周到。如有不妥，就很担心把事情办砸并担心别人对自己的看法，并且极其注重个人的得失，他们被笼罩在患得患失的阴影之中，心房被得失纷扰得没有一分安宁。

《苻子》中有这样一个故事：从前有一位神射手，名叫后羿。他练就了一身百步穿杨的好本领，立射、跪射、骑射样样精通，而且箭箭都射中靶心，几乎从来没有失过手。人们争相传颂他高超的射技，对他非常敬佩。

夏王也从左右的嘴里听说了这位神射手的本领，也目睹过后羿的表演，十分欣赏他的功夫。有一天，夏王想把后羿召入

宫中来，单独让他一个人演习一番，好尽情领略他那炉火纯青的射技。

于是，夏王命人把后羿找来，带他到御花园里找了个开阔地带，叫人拿来了一块一尺见方、靶心直径大约一寸的兽皮箭靶，用手指着说："今天请先生来，是想请你展示一下你精湛的本领，这个箭靶就是你的目标。为了使这次表演不至于因为没有竞争而沉闷乏味，我来给你定个赏罚规则：如果射中了的话，我就赏赐给你黄金万两；如果射不中，那就要削减你一千户的封地。现在请先生开始吧。"

后羿听了夏王的话，一言不发，面色变得凝重起来。他慢慢走到离箭靶一百步的地方，脚步显得相当沉重。然后，后羿取出一支箭搭上弓弦，摆好姿势拉开弓开始瞄准。

想到自己这一箭射出去可能发生的结果，一向镇定的后羿呼吸变得急促起来，拉弓的手也微微发抖，瞄了几次都没有把箭射出去。后羿终于下定决心松开了弦，箭应声而出，"啪"地一下钉在离靶心足有几寸远的地方。后羿脸色一下子白了，他再次弯弓搭箭，精神却更加不集中了，射出的箭也偏得更加离谱。

后羿收拾弓箭，勉强赔笑向夏王告辞，悻悻地离开了王宫。夏王在失望的同时掩饰不住心头的疑惑，就问手下道："这个神箭手后羿平时射起箭来百发百中，为什么今天跟他定下了赏罚规则，他就大失水准了呢?"

手下解释说："后羿平日射箭，不过是一般练习，在一颗平常心之下，水平自然可以正常发挥。可是今天他射出的成绩直接关系到他的切身利益，叫他怎能静下心来充分施展技术呢?

看来一个人只有真正把赏罚置之度外，才能成为当之无愧的神箭手啊！”

患得患失，过分计较自己的利益将会成为我们获得成功的大碍。我们应当从后羿身上吸取教训，面临任何情况时都应尽量保持平常心。

职场中有一些人对工作缺乏一种积极、自觉、主动的态度，他们在选择行动目的时，不太懂得它的重要意义，也不清楚可能的后果，经常是患得患失。

在处理问题时，前怕狼、后怕虎；在决策时，总想到那可怕的后果，总想到万一发生意外对自己工作和前途的不利影响。一个人若是总处于这样的境地，在采取决定时必定是犹豫不决，迟迟下不了决心，而且经常是做出决定之后反悔。

患得患失的人自己也不会好受，他们活得并不轻松，心里往往承受着比别人大几十倍的压力，弄不好还会落个顾此失彼、前功尽弃的结果。

这种患得患失的人，你给他十两银子，他会想象你肯定得了十两金子；单位发工资，他会把表翻个底朝天，生怕谁多拿了半分钱；领导们开个日常的工作会他会费尽心机打听，看谁又要被提拔了；同事们聚会若少了他，他会猜想肯定避开他在搞什么鬼名堂。这种人整天神经兮兮，心中布满疑虑，惴惴不安，生活中当然不会有轻松与愉快。

这种患得患失的人，做什么事都犹豫不决，优柔寡断。不是害怕失去这个，就是害怕失去那个，结果什么都得不到。

在工作中，你如果遇事想得太多，患得患失，过分犹豫不

决，你就会贻误许多机会，别人也会认为你缺乏个性。可以肯定的是，一个患得患失，前怕狼、后怕虎的人，就是那种没有冲劲、安于现状的人，是注定干不了大事的人。

走出患得患失的阴影，果断地去做，你就会发现你患得患失，担心这个，担心那个，是十分没有必要的。

人生在世，随时都会有意想不到的事情发生。面对得失成败，不同人有不同的态度，但患得患失却是不少人的通病。患得患失不仅折磨自己的心智，更会使自己一事无成，苦恼不堪。

其实，尊重现实，顺其自然乃智者之慧。要铸就辉煌的人生，必须砸碎精神枷锁，丢掉思想包袱，走出患得患失的阴影。

清华大学教育研究所李虹教授说："其实压力的根源是患得患失。"人生在世，有得有失是最正常不过的事，过于注重得失，即使得到了又能怎样？如果有一天能够少患得患失一些，压力自然会减少一些。因此，在日常工作和生活中应心平气和地面对压力。

阅读思考：

1. 为什么说"患得患失少一些，压力自然减一些"？请思考一下患得患失与压力之间的联系。

2. 你曾患得患失过吗？这种心态给你带来了哪些不利的影响？

3. 想一想，在工作和生活中，如何走出患得患失的阴影？

7. 将压力转化为工作中的动力

职场压力同时又是把“双刃剑”，一方面能够产生动力，使我们对职场更有热情；另一方面又会使我们产生负面情绪，影响职场效率。因此，面对职场压力，我们应该拿出热情，认真对待，把压力尽量转化为职场的动力。

美国麻省理工学院曾经做过这样一个实验，实验人员用很多铁圈将一个正在生长中的小南瓜圈住，以观察这个小南瓜在生长时能对铁圈产生多大的压力。

实验前，他们估计这个小南瓜最大能够对铁圈产生500磅（1磅等于0.4536千克）的压力。

在实验的第一个月，果然如预期的那样，南瓜对铁圈产生了500磅的压力。

然而，等实验进行到第二个月时，这个南瓜却对铁圈释放出了1500磅的压力。

当它释放出的压力达到2000磅时，实验人员为了避免南瓜将铁圈撑破，只得重新对铁圈进行了加固。

等实验进行到了第三个月，南瓜对铁圈的压力再次增加到了3000磅！

而等到实验最终结束时，让实验人员大跌眼镜的是，这个

小小的南瓜居然释放出了5000磅的压力，也等于它变相承受了超过5000磅的压力！整个南瓜承受了超过5000磅的压力后才产生瓜皮破裂。

后来，实验人员切开了那个南瓜，发现它已经无法再食用，因为它的中间充满了坚韧牢固的层层纤维，试图想要突破包围它的铁圈。而且，为了冲开铁圈的压力，小南瓜把压力转化成生存的力量，其根系竟然伸满了整个花园，甚至延展几万英寸。

小小南瓜尚且能够承受这样巨大的压力，更何况是人，人在承受压力上同样有巨大的潜力。所以，对于工作中的压力，大可不必大惊小怪，而应该以一种正确的态度去对待，并设法将压力转化为动力。

生活中有点压力并不可怕，可怕的是在压力面前屈服，被压力压垮。对有的人来说，压力是一种威慑，是一种逼迫；然而对另外一些人来说，压力则是一种激人奋进、在逆境中求胜的动力。

1929年，乔·吉拉德出生在美国一个非常贫困的家庭，他从小就开始做报童，替别人擦皮鞋，长大后还做过送货员、洗碗工、住宅建筑承包商和电炉装配工人等等。在他35岁之前，他只是一个一无所有的失败者，朋友一个个都离开他，还欠了别人很多钱，连妻子和孩子的衣食住行都解决不了，同时他还患有严重的语言缺陷——口吃，相继换了50多个工作仍然一事无成。看见自己的生活与别人的差距，看到从前的朋友不仅有房还换上了新车，而自己却一无所有。看到了别人的家庭都其乐融融地准备晚餐，准备庆祝圣诞之夜，而自己的妻子还在为仅有的一点蔬菜要怎么解决温饱而犯愁。这一切的一切都让乔·吉拉德感到万分沮丧，同时他也觉得如果要改变现在这种生活一定要做点什么，于是他开始卖汽车，步入推销生涯。

刚刚接触推销时，他反复对自己说：“只要自己认为自己行就一定能行。”他相信自己一定能做得到，他以极大的专注和热情投入到推销工作中，不管是在街上还是在商店里，只要一碰到人，他就把名片递过去，他抓住一切机会，推销他的产品，同时也推销他自己。三年以后，他成为了全世界最伟大的销售员。谁能想到，这样一个不被人看好，而且还背了一身债务、几乎走投无路的人，竟然能够在短短的三年内被吉尼斯世界纪录称为“世界上最伟大的推销员”呢！他至今还保持着销售昂贵产品的空前纪录——平均每天卖六辆汽车！他一直被欧美商界称为“能向任何人推销出任何商品”的传奇人物。

面对一次又一次的压力，乔·吉拉德一次又一次成功地将它转换为动力，原因是当他遭受压力时，想的不是困难，而是承受了压力之后会是什么结果，我为什么会有压力呢？当他弄清了这些之后，他心里在说，幸亏我遇上了压力，否则我还会坐在这里发呆呢，于是压力变成了催他奋进的动力。

无论是在生活中，还是在工作中，都会有压力。对于一个人来说，有压力不一定会是一件坏事，因为有压力才会有动力。

无论我们从事什么样的工作，都不可避免地会遇上各种各样的压力。比如，上司不支持你的研究方案；同事不愿配合你，以至耽误了工作进度；你试图主动承担某项重要的任务，却总是遭遇失败；你几经努力，刚开拓的市场却因为市场不景气而

不得不放弃，等等，这些几乎都是每个职场人士所经历过的。当面对压力时，如何去调适，如何将压力转化为动力，是我们每个人不得不思考的问题。

面对工作中的各种压力，你用什么样的态度去对待它，上司就会用什么样的态度来对待你。因为站在老板的角度，他们希望聘用的员工不仅能够面对压力，而且能在压力下焕发出勃勃生机，以饱满的精神和主动的态度去挑战压力。如果你能在工作中表现出自己不但可以承受压力，而且还欢迎压力时，你将会获得额外的青睐。

陆雪毕业之后进入一家日资公关公司当秘书，做一些翻译、通联之类的文书工作，几乎没有机会接触真正的公关业务。有一段时间，她非常苦闷，和同学聚会的时候看到大家在新的工作岗位上都有成绩，她开始思考是否应该重新寻找定位。可是受专业限制，即使再换新的工作也很难有所突破。于是，陆雪咬牙在公司坚持下来，并且开始学习公关行业的专业知识，利用业余时间攻读行业培训课程，一年以后，她被调到公司一个很重要的部门——媒介信息部做经理助理。

正在陆雪准备大显身手时，一件事情却让她深受触动。一天老板把陆雪叫到他的办公室，让她去做一个业务，要很晚才能完成，而地点又很偏僻。她本能地请求老板调整一下，不然自己一个女孩子那么晚回家多危险啊。

没想到老板听了她的话十分诧异，毫不留情地挖苦说：“我雇一个女人工作，还应该再为她雇两名保镖吗?”

当时在场的几位负责人都轻蔑地看着陆雪，有的人还笑了出来。陆雪感到莫大的委屈，强忍泪水说声“对不起”，冲出了老板办公室。受委屈反倒激发了陆雪的斗志，那天她调动自己的一切潜能，谈业务时发挥得非常好，对方一口答应了一切条件。陆雪回到家里已经是晚上九点多，但胜利的喜悦冲淡了她走夜路的恐惧。在路上，她忽然有了一种成熟的感觉。

后来从事公关工作时间长了，陆雪终于明白，做公关的人，是一个职业人，如果你时刻考虑自己的得失，而不是出于热爱而愿意献身这个行业，就很难在这个行业长期生存下去。现在陆雪已经升任部门经理，回顾走过的路，陆雪感慨地说：“每一步都与压力并行，可以说，压力已经成了我在事业上前进的动力。”

面对压力，我们应该勇敢主动地面对，并把它化作前进的动力。这样，我们就能战胜工作中的困难，从而完成那些看似不可能完成的任务。

当我们把压力转化为动力的时候，我们会发现：只有加倍努力地奋斗，自动自发地工作，才能脱颖而出，才能获取事业上的成功。

阅读思考：

1.职场压力，是我们前行的阻碍，还是我们跃进的动力？

2.结合乔·吉拉德的成功案例，谈谈你对“有压力才有动力”这一理念的理解和认识。

第八章 快乐工作，每天享受好心情

1. 让工作快乐起来
2. 把工作当成一种乐趣
3. 在厌倦的工作中寻找快乐
4. 告别抱怨，才能享受工作的快乐

1. 让工作快乐起来

"让工作快乐起来"是责任心和上进心的外在表现，这正是老板期望看到的。所以，就算工作不尽如人意，也不要愁眉不展，要学会掌控自己的情绪，让一切变得积极起来。

在美国，工作被认为是一件快乐的事，它让人富有创造力并且心情愉悦。这种观念也被全球的企业所接受。一项对美国成功人士的调查结果显示：他们之中95%以上的人，都感到工作带给了他们快乐。他们在做着他们最喜爱的工作。这就说明是否能感到工作的快乐与成功有着相当大的关系。事实正是如此，一个从工作中感觉不到快乐的人，不管他如何努力，都绝对不会取得什么优异的成绩。

一个人事业成功的秘诀，就是让工作快乐起来，因为快乐可以感染别人，也会增强你面对困难时的信心。只有在最佳的精神状态下才能发挥最大的潜能。让工作快乐起来吧，即使遇到了巨大的困难，也要保持微笑。

不是每个人都了解精神状态是如何影响工作的。但是我们都知道没有人愿意跟一个整天提不起精神的人打交道，没有哪个老板愿意提拔一个精神萎靡不振、牢骚满腹的员工。

优秀的员工懂得让工作快乐起来，而不像一些员工那样把工作当成苦劳役。他们与普通员工的心态截然不同，因此，他

们在工作中取得的成就也就相对比较大一些。

当我们让工作快乐起来时，我们就会自然而然进入一种最佳的状态。设想一个热爱工作、干劲十足的员工，和一个被动的甚至讨厌工作的员工，他们的效率和成绩该有多大的不同？

有一个在麦当劳工作的人，他的工作是煎汉堡。他每天都很快乐地工作，尤其在煎汉堡的时候，他更是用心。许多顾客对他为何如此开心感到不可思议，十分好奇，纷纷问他说："煎汉堡的工作环境不好，又是件单调乏味的事，为什么你可以如此愉快地工作并充满激情呢？"

这个煎汉堡的人说："在我每次煎汉堡时，我便会想到，如果点这汉堡的人可以吃到一个精心制作的汉堡，他就会很高兴，所以我要好好地煎汉堡，帮助吃到我做的汉堡的人能感受到我带给他们的快乐。看到顾客吃了之后十分满足，并且神情愉快地离开时，我便感到十分高兴，心中仿佛觉得又完成一件重大的工作。因此，我把煎好汉堡当作是我每天工作的一项使命，要尽全力去做好它。"

顾客听了他的回答之后，对他能用这样的工作态度来煎汉堡，都感到非常钦佩。他们回去之后，就把这样的事情告诉周围的同事、朋友或亲人，一传十、十传百，很多人都来到这家麦当劳店吃他煎的汉堡，同时看看"快乐煎汉堡的人。"

这个煎汉堡的人把每做好一个汉堡，让顾客吃了开心，当做是自己的工作使命。对他而言，这是一件有意义的工作，所以他满怀信心、热情地去做。

热爱你的工作，从平凡的工作中感受到它的不平凡之处，那样就会感受到工作后的快乐。快乐工作有两层含义：一种是本身就喜欢的工作，你每天在做就会感到工作是快乐的；其次，一件你认为不是你能办到的或可能办不好的事情通过努力你完成了，那时候你也一定会感受到工作的快乐。

不论做什么事，心态确实是最重要的。快乐工作是自己以一种快乐的心态去工作，把工作快乐化，使自己每天以崭新的眼光、积极的心态去对待属于自己或自己谋求不易而得来的一份工作。

“让工作快乐起来”是责任心和上进心的外在表现，这正是老板期望看到的。所以，就算工作不尽如人意，也不要愁眉不展，要学会掌控自己的情绪，让一切变得积极起来。

带着快乐去工作，这是员工做好工作，迈向成功的重要途径。

阅读思考：

1. 你的工作让你感到快乐吗？你是怎样让自己工作快乐起来的？

2. 文中的那个煎汉堡的人为什么工作能快乐起来？是一种什么样的力量使他这么快乐？

3. 好心态为什么是快乐工作的源泉？请举例加以分析。

2. 把工作当成一种乐趣

不要把工作看成是一种谋生手段，而应该把工作当成一种乐趣，这样你才能为工作投入，甚至会为它痴迷，这时所有的困难都会变得轻松起来，因为工作已经成为一种快乐和享受。

比尔·盖茨有句名言："每天早晨醒来，一想到所从事的工作和所开发的技术将会给人类生活带来巨大的影响和变化，我就会无比兴奋和激动。"

比尔·盖茨这句话阐释了他对工作的激情，他习惯于将工作当成一种乐趣。在他看来，一个成就事业的人，最重要的素质是对工作充满热情，当你把工作当作一种乐趣时，就会对自己的工作感兴趣，就会热爱自己的工作。

有个美国记者到墨西哥的一个部落采访。这天是个集市日，当地土著人都拿着自己的物产到集市上交易。这位美国记者看见一个老太太在卖柠檬，五美分一个。

老太太的生意显然不太好，一上午也没卖出去几个。这位记者动了恻隐之心，打算把老太太的柠檬全部买下来，以便使她能"高高兴兴地早些回家"。

当他把自己的想法告诉老太太的时候，她的话却使记者大吃一惊："都卖给你？那我下午卖什么？"

人生最大的价值，就是对工作有兴趣。爱迪生说："在我的一生中，从未感觉在工作，一切都是对我的安慰……"

然而，在职场中，像卖柠檬老太太那样，对自己所从事的事业充满热爱的人并不是太多，他们不是把工作当作乐趣，而是视工作为苦役。一上班就想，受罪开始了，离下班还有八个小时呢？何时能熬到头啊？如此心态，又怎么能从工作中找到快乐呢？当然，由于生活节奏加快，我们的工作压力的确很大，但是，既然我们无法改变这个现实，为什么不换种心情去工作呢？当你把工作当成一种乐趣，工作就会给你带来快乐。

生命本没有意义，是人们赋予了它意义。工作也是如此，它本身无所谓有趣与否。我们从事的工作是单调乏味还是充实有趣，往往取决于我们做它时的心境。

其实，工作就是工作，它永远不可能像休闲度假一样充满了新奇和喜悦，关键是你如何在其中寻找并创造乐趣。

工作是一种神圣的使命。把自己喜欢的并且乐在其中的事情当成使命来做，就能发掘出自己特有的能力。其中最重要的是能保持一种积极的心态，即使是辛苦枯燥的工作，也能从中感受到价值，在你完成使命的同时，会发现成功之芽正在萌发。

实际上，工作中的乐趣是不会因行业的不同而有所区别的，只会因个人的感受程度而有所不同。任何一份工作，只要你热爱它，并全心全意地去做，就能够找到乐趣，也必将得到乐趣。问题的关键是看你如何认识和看待它。

俗话说："干一行，爱一行"，认真地工作才能得到乐趣，工作的乐趣要来自于工作的胜任。而胜任一项工作在于我们做

什么事都要学会去适应它，而不是它来适应我们。工作的乐趣就像机遇一样要靠自己去寻找。

一家公司的总裁曾经有过一段海外留学的生活。其间，曾在一家餐馆打工，从洗盘子到端盘子再做到侍者，最终成为比利时收入最高的侍者，一天的收入有5000元。他是如何得到这一切的呢？这当中有没有什么诀窍呢？当然有。

大家都知道，洗盘子是无比枯燥的事，诀窍就在于他洗盘子也能洗出乐趣来。他说开始洗盘子时也痛苦，后来想既然干了就要干好，并且快乐地干。于是，他便换着法儿洗盘子，先后有了“飞盘”等动作，把洗盘子洗出了与众不同。这样一来，工作不仅不枯燥，反而从中找到了许多乐趣，而且效率还高了很多，同时还有时间和心情观察大厨们如何炒菜，渐渐地也传传菜，和大厨们也相处得很融洽。

老板看他干得不错，便把他调到前台端盘子。端盘子的工作也枯燥，但这难不倒在工作中善于寻找乐趣的他。在端盘子的过程中，他也发现了乐趣。他想，我要看看我一只手能端多少个盘子。后来他一只手能放6个装满菜的盘子，在没有人帮助的情况下两只手可以拿17支高脚杯。找到了这样的乐趣，还愁做不好工作吗？后来他就做了侍者，因为能记住客人的名字，所以很快成为全比利时小费最高的侍者。

这个总裁的经历非常有趣。确实如此，假如不能在工作中找到乐趣，假如不能自己创造出乐趣的话，那么再大的挑战也会有结束的时候，再好的计划也有执行完毕的时候。我们常说机会是给那些有准备的人，假如不能在工作中找到乐趣，哪里有时间和精力去接触新的领域？又哪里会出现新的机会？

如果我们也能像这个总裁一样，把工作当作人生的乐趣，把它做得完美，我们的成就感和信心就会愈来愈强，工作也会愈来愈顺畅。

全国劳动模范、北京公交车售票员李素丽曾说：“如果你把工作当作是一种乐趣，那么，工作会越做越好。”

凡是应该做的，都是值得做的；凡是值得做的，都应该做好，并且从中得到快乐。在工作中找到乐趣，对自己、对他人、对公司都有好处。

人生的三分之一时间都是在工作中度过，如果能在工作中找到乐趣，那么整个人生都是快乐、幸福的。正如松下幸之助所说：“真正的幸福就是能找到工作的乐趣而快乐地工作。”

阅读思考：

1. 试问一下，我们能像卖柠檬老太太和端盘子的总裁那样，将工作当成一种乐趣吗？

2. 你是喜欢你的工作，还是痛恨你的工作？

3. 把工作当作是一种乐趣会给我们带来什么？

3. 在厌倦的工作中寻找快乐

工作，对某些人来说，可能只是枯燥乏味的，而对另一些人来说，则可能是永不令人厌倦的快乐的源泉。不管从事什么工作，只要能从中获得快乐，那便是成功。

我们先来看一位普通工人的自述：

“我不知道别人工作时是否感到快乐，反正我曾在很长一段时间没有感受到工作的乐趣。我曾换过几次工作环境，我总是在最初的新鲜感飞快地过去后便开始厌倦。比如，我曾抱怨挡车工太辛苦，要接连上一个星期的大夜班。后来不用上夜班，工作环境也好了许多，我抱怨做打字员太枯燥。再后来，我坐在机关里，对日复一日、近十年如一日的重复工作感到无比厌倦。不知不觉地，在自己的抱怨声中，我已工作了15年。”

你或许也像这位工人一样，会厌倦每天上班下班公式化的生活，会厌倦每天机械般死板的工作，你追求心目中远大的理想，小小的进步已被你忽略，小小的收获亦无法让你满足。因而，你常常会受困于得与失、成与败等种种不大不小的挫折与烦恼，并在此沼泽中挣扎、气馁，却又无可奈何。明确地说，你已忽视甚至忘却了工作带给我们的乐趣。

对于自己所从事的工作，爱与厌，苦与乐，大都存乎一念之间。有人成天郁郁寡欢，抱怨自己的工作不好；有人天天心情舒畅，把工作当快乐享受。“三百六十行，行行出状元”，这不仅强调了每一项工作的重要，更说明了每一项工作都大有可为。

萨姆尔·沃克莱日复一日的工作就是车螺丝钉，每天的工作内容简单而重复，没有丝毫的挑战性和创造性。尤其是每当他看到那一大堆等待他去车的螺丝钉时，愈加感到工作的无聊。萨姆尔·沃克莱满腹牢骚，心想自己干什么不好，为什么偏偏来车螺丝钉呢？

他想找老板调换工作，在与其他部门的同事闲聊时，得知他们对各自的工作也存在一定程度的厌倦，终于认识到各行各业其实都差不多，做久了，都有厌倦感，即使换个工作时间一长还是会厌倦的，便打消了换工作的念头。

既然这样，能不能找到一个积极的办法，使单调乏味的工作变得有趣起来？于是，他和工友商量开展比赛，看谁做得快。工友和他颇有同感。这个办法果然有效，他们工作起来再也不像以前那样乏味了，而且效率也大为提高。不久，他们就被提拔到新的工作岗位。后来，沃克莱成了著名的鲍耳文火车制造厂的厂长。

对工作不厌倦的秘诀就是在工作中寻找快乐，工作中的快乐要从日常点滴中去寻觅和发现。当然，让厌倦的工作时刻充满乐趣并不容易，不过如果在工作中尽量去寻找乐趣，带着一种乐观的态度去投入工作的话，相信乏味、窒息的工作氛围以及自己的精神状态会大为改观。不仅你会发现自己的工作效率大大提高，而且自己的乐观态度还会影响周围的人。这有助于提升自己的工作表现和在同事与领导心目中的形象，非常利于

公司的发展和员工个人事业进步。

美国推销大王乔·吉拉德有一个成功的秘诀，那便是在本来厌倦的工作中寻找快乐。他说，纵使我一天从早跑到晚一无所获，我仍然感到快乐，因为我跑完了预定中的29个客户。我们必须明白：工作，你无法让它随心所欲，事事顺意。学会享受工作的乐趣，才能保持好的心态与旺盛的战斗力，让自己在工作中迈向更大的成功。

工作占人生最大而且最重要的一部分，假如你对工作厌倦，整个人生将缺少乐趣。

一个人工作时所具有的精神，不但对于工作的效率有很大影响，而且对于他本人的品格，也有重要影响。工作就是一个人的人格表现，你的工作就是你的志趣、理想，只要看到了一个人所做的工作，就“如见其人”了。

因此，在任何情形之下，你都不能对工作产生厌恶，这是最坏的一件事。假使你为环境所迫，而只能做些乏味的工作，也应该努力设法从这乏味的工作中找出一些乐趣和意义来。要知道凡是应当做而又必须做的工作，总不可能是完全无意义的。问题全在于你对待工作的精神状态如何。良好的精神状态，会使任何工作都成为有意义、有兴趣的工作。

日本有一项国家级的奖项，叫“终身成就奖”。这是一项人人都梦寐以求，却又高不可攀的至高荣誉。在日本，无数的社会精英终生奋斗的目标，就是为了能够获得这项大奖。但有一届“终生成就奖”却在举国上下的期盼和瞩目中，出人意料地颁发给了一位名叫清水龟之助的小人物。

清水龟之助仅仅是东京一位地位卑微的邮差，他每天的工作就是将各式各样的邮件，快速而准确地投送到每一个相关的家庭中。与那些长期从事尖端科技研究的专家学者相比，清水龟之助所从事的这项工作，简直就是微乎其微，平凡得不能再平凡，甚至根本不值一提。然而，就是这位长期从事着如此平淡无奇的邮差工作的清水龟之助，却无可争议地获得了这项殊荣。

清水龟之助原来是一名橡胶厂工人，后来转行做了邮差。由于邮差的工作单调死板，在最初的日子里，他没有尝到工作带来的乐趣和甜头，于是在工作满了一年以后，便心生厌倦，又想换工作。这天，他看到自己的自行车信袋里只剩下一封信还没有送出去时，他叹了口气道："唉！把这最后一封信送完之后，就去递交辞呈。"

清水龟之助开始按址送信。然而这封信由于被雨水打湿，地址模糊不清，清水龟之助花费了好几个小时的时间，还是没有把信送到收信人的手中。由于这将是他邮差生涯送出的最后一封信，所以清水龟之助发誓无论如何也要把这封信送到收信人的手中。他耐心地穿越大街小巷，东打听西询问，好不容易才在黄昏的时候把信送到了目的地。清水龟之助如释重担，轻松地敲门并叫道："快来收信哦！"

原来这是一封录取通知书，被录取的年轻人已经焦急地等待好多天了。当年轻人拿到通知书的那一刻，他激动地和父母拥抱在了一起。

看到这感人的一幕，清水龟之助的眼眶也一阵湿润。此刻，他突然感觉到自己的工作非常伟大，并因此深深地体会到了一

种前所未有的快乐。他不禁对自己说：“即使是简单的几行字，也可能给收信人带来莫大的安慰和喜悦。这是多么有意义的一份工作啊！我怎么能够辞职呢？”

在这以后，清水龟之助更多地体会到了工作的意义，他不再觉得乏味与厌倦，他一干就是25年，从30岁当邮差到55岁，清水创下了25年全勤的空前纪录。

是什么样的力量支持着清水龟之助几十年如一日、持之以恒地把一件极为平凡普通的工作铸造成了一种伟大无比的成就呢？对此，清水龟之助不无感慨地说：“是快乐。我从我所从事的工作中，感受到了无穷的快乐。”

自己微不足道的工作，竟然能够给别人带来莫大的心灵安慰和精神快乐，这使清水龟之助感到欣慰，感到自己的工作神圣而有意义。正是这种快乐的力量，支持清水龟之助取得了这项伟大的成就。

工作，对某些人来说，可能只是枯燥乏味的，而对另一些人来说，则可能是永不令人厌倦的快乐的源泉。不管从事什么工作，只要能从中获得快乐，那便是成功。

阅读思考：

1. 你厌倦你的工作吗？你将如何在厌倦的工作中寻找快乐？

2. 看了清水龟之助的故事，你有哪些收获？

3. 工作带给你的是快乐还是折磨？为什么？

4. 告别抱怨，才能享受工作的快乐

与其每天抱怨沉重的工作，不如愉快地对待工作，把苦日子过甜。工作快乐与否，实际上是一个心态的问题。告别抱怨，你才能真正享受到工作的快乐。

哲人说，工作着的人是最快乐的。听了这句话，可能很多人会马上反对：工作累死了，每天面对上司苛刻的要求，客户满腹牢骚的抱怨，做不完的事，干不完的活，哪来的快乐？

不错，工作是辛苦，可是工作让你认识到人生的价值，同时也让你体会到了其中的乐趣。

有一个移民美国多年的人说，他无数次看到从事清洁工、搬运工或司机等这种一般人会叫苦连天的工作的美国人，面带微笑、乐在其中地尽责工作。这个人工作得不快乐时，听他诉苦和抱怨的美国人都说：“工作最重要的就是快乐，如果不快乐，那你为什么要一边抱怨，一边又继续做下去呢？”

的确，职场中有不少人，一天到晚神经似乎都是紧绷绷的。工作环境不尽如人意，压力太大或者自己所期望的和现实有一定差距时，常常怨天尤人，满嘴抱怨之词。其实，现实世界中有太多的事情是我们无法改变的，或至少是暂时无法改变的。既然事情不好改变，那我们为什么不试着改变自己，让自己快乐面对现实，在工作或学习中，尽可能地乐在其中呢？

美国西雅图有个很特殊的鱼市场，在那里买鱼是一种享受。在那个鱼市场里没有一般鱼市场常有的刺鼻的血腥味，扑面而来的是鱼贩们欢快的笑声。他们面带笑容，像合作无间的棒球队员，让冰冻的鱼像棒球一样在空中飞来飞去，大家互相唱和："啊，五条鳕鱼飞到明尼苏达去了"，"八只螃蟹飞到堪萨斯了"。这是多么和谐的生活，充满乐趣和欢笑。

有人问当地的鱼贩："你们在这种环境下工作，为什么会保持愉快的心情呢?"

鱼贩回答说，事实上，几年前的这个鱼市场本来也是一个没有生机的地方，大家整天抱怨。后来，大家认为与其每天抱怨沉重的工作，不如改变工作的品质。于是，他们不再抱怨生活的本身，而是把卖鱼当成一种艺术。再后来，一个创意接着一个创意，一串笑声接着另一串笑声，他们创造了鱼市场中的奇迹。

鱼贩说，大伙练久了，人人身手不凡，可以和马戏团演员相媲美。这种工作的气氛还影响了附近的上班族，他们常到这儿来和鱼贩用餐，感染他们乐于工作的好心情。有不少没有办法提升工作士气的主管还专程跑到这里来询问："为什么一整天在这个充满鱼腥味的地方做苦工，你们竟然还这么快乐?"鱼贩们也已经习惯帮这些上班族当心理咨询师。

有时候，鱼贩们还会邀请顾客参加接鱼游戏。即使怕腥味的人，也很乐意一试再试，意犹未尽。每个愁眉不展的人进了这个鱼市场，都会笑逐颜开地离开，手中还会提满了情不自禁买下的货，心里似乎也会悟出一点哲理来。

这个哲理就是：并不是生活亏待了我们，而是我们期求太高以至忽略了生活本身。并不是工作烦闷无聊，而是我们没有把它当作一件有趣的事来做。与其每天抱怨沉重的工作，不如愉快地对待工作，把苦日子过甜。

著名心理学家查理·琼斯说：“如果你对于自己现在的处境都无法感到高兴的话，那么可以肯定，就算换个环境你也照样不会快乐。换句话说，如果你现在对于自己所拥有的事物，自己所从事的工作，或是自己的定位都无法感到高兴的话，那么就算你获得了你想要的事物，你还是一样不快乐。”

两个青年到一家公司求职，经理把第一位求职者叫到办公室，问道：“你觉得你原来的公司怎么样？”

求职者面色阴郁地答道：“唉，那里糟糕透了。同事们尔虞我诈，勾心斗角，部门经理粗野蛮横，以势压人，整个公司暮气沉沉，生活在那里令人感到十分压抑，所以我想换个理想的地方。”

“我们这里恐怕不是你理想的乐土。”经理说。于是这个年轻人满脸愁容地走了出去。

第二个求职者也被问到了这个问题，他答道：“我们那儿挺好，同事们待人热情，乐于互助，经理们平易近人，关心下属，整个公司气氛融洽，生活得十分愉快。如果不是想发挥我的特长，我真不想离开那儿。”

“你被录取了。”经理笑吟吟地说。

一味抱怨的悲观者，看到的总是灰暗的一面，即使到春天的花园里，他看到的也只是折断的残枝，墙角的垃圾；而乐观

者看到的却是姹紫嫣红的鲜花，飞舞的蝴蝶，自然，他眼里到处都是春天。

在职场上，我们可以发现有些人喜欢抱怨自己的工作，且工作时的情绪常常萎靡不振，甚至言行举止表现得消极与悲观。他们或许会埋怨自己怀才不遇、欠缺亨通的时运，也或者是羡妒他人的成功，感叹自己能力不如他人，但是，真正让这类人失败的主因，是他们的消极与悲观。

当我们对自己的工作无法抱持乐观、开朗的态度时，往往也就表示我们无法专心投入工作，做起事情也总是毫无活力，缺乏应有的热情。更糟糕的是，这种近乎懒散的行为态度，经常会使人在面对工作的挑战时，显得手足无措、不知如何是好。相反，一个对自身工作抱持乐观与进取态度的人，无论遭遇工作上的顺境或逆境，总是能充满活力、行动准确，并且乐于拟定行动计划，排除所有工作上的不顺利。

工作中的乐趣与生产率、创造力、士气、满意度、保持力还有利润率都有着直接的关联。根据美国宾州大学针对全美人寿保险业务员所做的调查显示，在资历较深的业务员当中，行为思想较为乐观者的推销成绩，比起悲观者要高出 37% 的比例；而在新进人员之中，乐观者的推销成绩也要比悲观者高出 20% 的比例。

那为何对职场持乐观态度的人，工作表现得更为出色呢？主要是因为乐观者与悲观者在面临挑战与挫败时，前者所采取的应变方式较为积极，这也就是说，当事情有所差错时，乐观者会自我检视，并且找出失误之处加以改进；而悲观者想到的却是先责怪自己或怨天尤人。可想而知，事情的进展与个人在职场上的发展，自然会有不同的结果。

工作快乐与否，实际上是一个心态的问题。境由心造，乐由心生。只要你愿意快乐，那么无论在哪里工作，你都能找到快乐的理由。告别抱怨，你才能真正享受到工作的快乐。

阅读思考：

1. 鱼贩们在那种环境下工作，为什么能保持愉快的心情？

2. 你抱怨过吗？抱怨能给你带来快乐吗？

机关企事业单位职业文化

培 训 书 系

书号：28963

作者：吴甘霖

邓小兰

定价：22.00 元

工作没有任何借口

本书通过对众多职场人物和现象的分析，得出结论：“工作没有任何借口”是“团队战斗力之根”、“个人发展力之本”。并对工作中找借口的种种现象进行了全面分析，对如何彻底杜绝工作中的借口，从理论到行动都进行了全面而透彻的分析探究，对塑造员工一流的责任心、确保完成任务的执行力，以及打造最优秀的团队文化，具有很好的指导和启迪作用。

书号：30465

作者：李尚隆

定价：22.00 元

爱上工作

本书从职场金领的四步曲——用肢体工作、用脑工作、用心工作、用爱工作进行阐述，告诉职场人士：工作就像恋爱，与自己爱的人在一起，我们的心情就会不由自主地明媚愉悦。同样，爱上自己的工作，自然也会感到无比的充实和幸福。本书适合新入职场和想改变现状的职场人士阅读，有助于消除工作中的烦恼，解决工作中的困惑，实现自己的理想。

做有贡献的人

书号：26620
作者：田鹏
定价：22.00 元

本书围绕“怎样被工作需要”、“持续改善才能保证效益”、“工作中的人品就是多做一点点”、“服务意识比权力意识更重要”、“从公共管理到服务公众”等内容，从个人奋斗、企业发展、社会进步的角度，结合一些具体的工作场景，阐述什么是贡献，怎样才能作出更大的贡献，并给出一系列极富指导性的工作策略，是年轻人的职场“方法论”!

迈好职场第一步：新员工手则

书号：29261
作者：郭玉玲
定价：28.00 元

本书是职场新人的完全指导手册：从入职、试用到成为一名好员工，本书通过大量鲜活的案例和作者的亲身经历，为入职 1～3 年的新员工提供了行动方案，帮助新员工在入职之初就建立良好的职业习惯，树立职业目标，认同企业文化，熟悉工作环境，了解工作内容，明确工作要求，掌握工作方法，迅速融入团队。本书是管理者送给新员工的第一份入职礼物，也是新员工在职场关键期追求快速成长的导航。

左脑规划 右脑经营：好员工职场晋升守则

书号：30385
作者：郭玉玲
定价：29.80 元

职业规划与经营关乎每一个职场人的前程，是每位员工和管理者必做的功课。作者以她三十年来成功的职场经历给出了职业规划与经营的系统性解决方案，包括详细的职业定位测评和职业规划书模板。本书极具实用性和耐读性，既有助于职场人士的价值创新，又有助于企业人力资源管理者进行员工的职业生涯管理。

书号：31121
作者：章依
定价：25.00 元

想到位 做到位

想到位——既是一种要求，也是一种能力。是一种经验的累积，也是一种良好的工作方法和习惯。实践证明，员工与员工在工作落实上乃至个人发展上的差距，不仅是在“做事”中拉开的，更是在“想事”上拉大的。

做到位——缺乏有效的执行、做不到位，这是工作中的巨大隐患。想好的事情，立刻去做！并将它到位的做好—这才是一个高度职业化的员工应有的工作作风与素养。

书号：31076
作者：严家明
定价：25.00 元

今天，你微笑了吗

微笑不仅仅是一个简单的面部表情，它更是一个人内心世界的生动写照。一个经常在脸上挂着微笑的人，在任何场合都是极易受到欢迎的人。在经济学家眼里，微笑是一笔巨大的财富；在心理学家眼里，微笑是最能说服人的心理武器；在服务行业，微笑是服务人员最美的“名片”……本书通过生动有趣的案例，告诉我们微笑的重要性——你的微笑价值百万！读故事，品人生。阅读本书，既充满情趣，又发人深省。

员工培训第一课堂——时代讲堂系列VCD

作为管理理念的传播者，我们一直在思考：什么样的培训课程，才是企业培训员工真正需要的？答案是：对于管理者来说，一定是能够站在企业管理者的角度，以促进企业发展为目标，用系统化的、艺术化的形式，传达企业文化的各种内容。这些内容，分成几个层面：素质层面的，比如《使命感》、《你在为谁工作》、《忠诚胜于能力》；技术层面的，比

如《学会正面思维》、《方法总比问题多》、《合格的员工这样工作》；心理层面的，比如《蝴蝶：转变源于自我》、《决不安于现状》、《提升自己的价值》……多种多样的课程，便于管理者根据自身企业的需求，选择相应的内容，它们共同的作用就是，塑造你的员工，塑造你的企业文化。

"时代讲堂"系列节目聚焦于经管、励志等热点领域，配合本社出版的畅销图书，邀请作者或知名培训师讲述理念，变文字阅读为视听阅读，给读者多种选择，致力于打造"企业员工培训第一课堂"。

片　名	定价	碟数	片　名	定价	碟数
新员工守则	168 元	4VCD	如何创造高额附加值	98 元	4VCD
学会正面思维	98 元	4VCD	合格员工这样工作	98 元	4VCD
把工作做到出色	98 元	4VCD	决不安于现状	98 元	4VCD
你胜任吗？卓越员工的 9 大能力	98 元	4VCD	使命感	98 元	4VCD
提升自己的价值	98 元	4VCD	转变源于自我	98 元	4VCD
执行方法	98 元	4VCD	执行文化	98 元	4VCD
赢在责任	98 元	4VCD	顾全大局— 一流员工必备的职业品质	128 元	4VCD
敬业成就卓越	128 元	4VCD	从职业走向事业—打造成功的事业生涯规划	128 元	4VCD
让制度落地	168 元	4VCD	向沟通要业绩	168 元	4VCD
职业危机	168 元	4VCD	做有贡献的人	168 元	4VCD

联 系 方 式

地址：北京市西城区百万庄南街 1 号机械工业出版社电子音像分社

邮编：100037　　**联系人**：孙虹

电话：010-68328002、68320389　　**传真**：010-68328002